사도행전 1

[개정판]

지금까지 나온 옥한흠 다락방 시리즈

1. 새가족모임 교재
2. 창세기
3. 출애굽기
4. 마가복음 1
5. 마가복음 2
6. 에베소서
7. 야고보서
8. 다윗
9. 사도행전 1
10. 사도행전 2
11. 시편 1
12. 시편 2
13. 로마서 1
14. 로마서 2
15. 로마서 3
16. 데살로니가전후서
17. 욥기
18. 요한복음 1
19. 요한복음 2
20. 요한복음 3
21. 빌립보서
22. 산상수훈

 옥한흠 다락방 시리즈 9

사도행전 1

초판 1쇄 발행 1993년 2월 25일
개정판 1쇄 발행 2009년 2월 16일
개정판 24쇄(67쇄) 발행 2024년 1월 20일

지은이 옥한흠

펴낸이 오정현
펴낸곳 국제제자훈련원
등록번호 제2013-000170호(2013년 9월 25일)
주소 서울시 서초구 효령로68길 98(서초동)
전화 02)3489-4300 **팩스** 02)3489-4329
이메일 dmipress@sarang.org

ISBN 978-89-5731-358-9 03230

※ 책값은 뒤표지에 있습니다. 잘못된 책은 구입하신 곳에서 교환해드립니다.

국제제자훈련원은 건강한 교회를 꿈꾸는 목회의 동반자로서 제자 삼는 사역을 중심으로
성경적 목회 모델을 제시함으로 세계 교회를 섬기는 전문 사역 기관입니다.

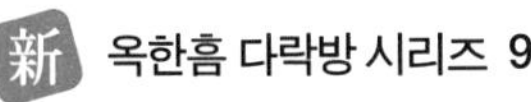

사도행전 1

[개정판]

옥한흠 지음

국제제자훈련원

이 교재 사용에 대하여

제자훈련의 열매는 훈련된 평신도 지도자들이 사역하는 소그룹(구역, 다락방, 셀, 목장)이라 할 수 있다. 소그룹이란 성도간에 아름다운 사랑의 교제를 나누며, 말씀 안에서 영적으로 성숙해가도록 서로 돕고, 믿지 않는 사람들을 초청하여 복음을 나누는 소그룹 단위의 공동체다. 소그룹은 하나님의 말씀에 기초한다. 그러므로 각자의 삶을 드러낼 수 있도록 돕고 변화되어야 할 삶의 목표를 분명하게 제시할 수 있는 좋은 교재가 마련되면 효과적인 소그룹을 운영하는 데 큰 도움을 얻는다. 그러나 분주한 목회자의 입장에서는 직접 교재를 만든다는 것이 그리 쉬운 일이 아니다. 이런 어려움을 해결할 수 있도록 돕기 위해 마련된 것이 "옥한흠 다락방 시리즈" 이다.

본 시리즈를 사용하는 데 있어 다음 몇 가지를 참고해 주기 바란다.

1. 이 교재는 소그룹에서 귀납적인 방법으로 성경을 공부하기 위해 만든 것이다. 즉, 성경의 가르침을 일방적으로 주입하는 대신 충분한 토의를 통해 구성원들의 생각을 먼저 정리하고 그것을 성경의 가르침과 비교하도록 구성되었다. 결코 해답 베껴 쓰기 식의 공부가 되지 않도록 해야 한다. 서툴더라도 자기 인식과 활발한 토의 참여에 의한 생생한 결론이 나올 수 있도록 해야 한다. 따라서 지도자는 소그룹 환경에서 귀납적 방법으로 성경을 공부하는 것이 무엇인지를 반드시 먼저 배워야 한다.
2. 이 교재는 교역자가 매주 소그룹 지도자들을 먼저 예습시킨 다음 사용하게 해야 바람직한 효과를 기대할 수 있다. 소그룹 지도자는 공부할 내용을 충분히 이해해야 한다.
3. 소그룹에 참석하는 자들은 반드시 예습을 하도록 권장해야 한다.
4. 한 과를 공부하는 데에는 한 시간 이상이 필요하다. 그러므로 각 문제에 따라 답만 찾아보고 넘어가야 할 것과 충분한 토의를 통해 진지하게 적용할 것을 잘 구별해서 진행하는 것이 중요하다.

차례

Lesson 01

하나님 나라의 일을 말씀하시다

사도행전 1:1-11

1 데오빌로여 내가 먼저 쓴 글에는 무릇 예수께서 행하시며 가르치시기를 시작하심
부터 2 그가 택하신 사도들에게 성령으로 명하시고 승천하신 날까지의 일을 기록하
였노라 3 그가 고난 받으신 후에 또한 그들에게 확실한 많은 증거로 친히 살아 계심
을 나타내사 사십 일 동안 그들에게 보이시며 하나님 나라의 일을 말씀하시니라
4 사도와 함께 모이사 그들에게 분부하여 이르시되 예루살렘을 떠나지 말고 내게서
들은 바 아버지께서 약속하신 것을 기다리라 5 요한은 물로 세례를 베풀었으나 너희
는 몇 날이 못되어 성령으로 세례를 받으리라 하셨느니라 6 그들이 모였을 때에 예
수께 여쭈어 이르되 주께서 이스라엘 나라를 회복하심이 이 때니이까 하니 7 이르시
되 때와 시기는 아버지께서 자기의 권한에 두셨으니 너희가 알 바 아니요 8 오직 성
령이 너희에게 임하시면 너희가 권능을 받고 예루살렘과 온 유대와 사마리아와 땅
끝까지 이르러 내 증인이 되리라 하시니라 9 이 말씀을 마치시고 그들이 보는데 올
려져 가시니 구름이 그를 가리어 보이지 않게 하더라 10 올라가실 때에 제자들이 자
세히 하늘을 쳐다보고 있는데 흰 옷 입은 두 사람이 그들 곁에 서서 11 이르되 갈릴
리 사람들아 어찌하여 서서 하늘을 쳐다보느냐 너희 가운데서 하늘로 올려지신 이
예수는 하늘로 가심을 본 그대로 오시리라 하였느니라

마음의 문을 열며

사도행전은 누가에 의해 기록된 책으로(주후 62년), AD 2세기경 그 이름이 붙여졌다. 이 책을 처음 접하게 되면, '사도들의 행전' (Acts of Apostles)이라는 이름 때문에 모든 사도들의 행적이 들어 있으리라는 기대감을 갖기 쉽다. 하지만 사도행전에는 모든 사도들이 등장하는 것도 아니고, 그렇다고 사도 한 사람의 모든 행적이 기록된 것도 아니다. 사도행전은 미완성의 역사일 뿐이며, 동시에 미완성의 책이기도 하다. 하지만 이러한 불완전성조차 성령께서 역사하시는 방법의 일부라고 할 수 있다. 사실 '성령행전' 이라고 부르는 것이 더 좋을 듯한 본서를 통해 우리 자신도 이 성령행전의 역사에 동참하여 생명력 있고 역동적인 그리스도인의 모습을 갖추어 나가도록 하자.

말씀의 씨를 뿌리며

1 1절에서 저자가 언급하고 있는 '먼저 쓴 글'은 어떤 책을 의미하며, 그 책의 내용은 무엇인지 찾아보라(1-3절, 참고 / 눅 1:1-4).

2 예수님의 부활은 기독교에 있어서 가장 중심이 되는 사건이다. 이는 예수님이 죽음을 이기고 승리하신 것을 의미하며, 지금도 그분이 살아 계시다는 것을 뜻한다. 자신이 부활한 사실을 제자들에게 확증시키기 위해서 예수님이 보여 주신 두 가지 증거는 무엇인가?(3절)

3 부활하신 예수님을 직접 만나고 40일 동안 함께 대화를 나눈 제자들은 예수님의 부활을 생생하게 목격한 첫 증인들이다. 그들 외에는 아무도 그러한 특권을 누린 자가 없다. 우리는 다시 살아나신 예수님을 직접 목격할 수 없으나 그 대신 제자들이 증거하는 사실을 그대로 믿을 수 있다. 어떤 사람은 이것을 불만으로 여기고 믿지 않으려고 한다. 눈으로 보면 믿을 수 있으나 말로만 듣는 것은 만족스럽지 못하다는 것이다. 당신은 이런 문제로 시험 당한 일이 없는가? 아직도 제자들의 증거만 가지고는 만족할 수 없는가?(참고 / 요 20:30-31; 요일 1:1-4)

4 부활하신 예수님이 제자들에게 분부하고 약속하신 사실은 무엇인가?(4-5절)

5 제자들이 던진 질문은 무엇인가? 그리고 왜 이런 질문을 했다고 생각하는가?(6절, 참고 / 요 18:36)

6 제자들의 질문에 대한 예수님의 대답으로 볼 때, 그가 다스릴 하나님 나라는 네 가지 특징을 가지고 있다고 할 수 있다. 그 네 가지를 설명해 보라(7-8절).

- 언제 완성되는가?
- 누구를 통해 완성되는가?

- 무슨 방법으로 완성되는가?

- 어느 정도 완성되는가?

7 당신은 하나님 나라에 대해 제자들처럼 세상적으로 기대하거나 너무 성급하게 기다리는 경향은 없는가? 증인으로서 복음을 땅 끝까지 전하기 위해 치러야 할 값비싼 대가에는 관심이 적고 황홀한 그 나라의 행복에 대해서만 관심을 갖고 있지 않은지 솔직하게 이야기해 보라.

8 말씀을 마치신 후 예수님은 제자들이 보는 앞에서 승천하심으로써 지상사역이 종결되었음을 보여 주셨다. 하지만 예수님의 승천이 우리에게 중요하고 복이 되는 이유가 있다. 그것이 무엇인지 말해 보라(참고 / 요 16:7; 빌 2:9-11; 엡 2:6-7; 히 7:25).

9 예수님의 승천을 통해 하나님이 우리에게 소망으로 안겨주신 엄청난 약속은 무엇인가?(10-11절)

삶의 열매를 거두며

우리는 예수님의 승천하시는 모습을 보면서 그가 재림하실 때 일어날 일을 상상할 수 있다. 그리고 우리가 재림하시는 주님을 맞이하면서 누리게 될 황홀한 영광이 얼마나 좋을지를 조금이나마 짐작할 수 있다. 이와 같은 기대감과 감동이 당신에게 있는가? 그리고 있다면 이러한 기대감과 감동이 세상을 사는 데 어떤 도움을 주는지 말해 보자.

Lesson 02

오로지 기도에 힘쓰다

사도행전 1:12-26

12 제자들이 감람원이라 하는 산으로부터 예루살렘에 돌아오니 이 산은 예루살렘에
서 가까워 안식일에 가기 알맞은 길이라 13 들어가 그들이 유하는 다락방으로 올라
가니 베드로, 요한, 야고보, 안드레와 빌립, 도마와 바돌로매, 마태와 및 알패오의 아
들 야고보, 셀롯인 시몬, 야고보의 아들 유다가 다 거기 있어 14 여자들과 예수의 어
머니 마리아와 예수의 아우들과 더불어 마음을 같이하여 오로지 기도에 힘쓰더라
15 모인 무리의 수가 약 백이십 명이나 되더라 그때에 베드로가 그 형제들 가운데 일
어서서 이르되 16 형제들아 성령이 다윗의 입을 통하여 예수 잡는 자들의 길잡이가
된 유다를 가리켜 미리 말씀하신 성경이 응하였으니 마땅하도다 17 이 사람은 본래
우리 수 가운데 참여하여 이 직무의 한 부분을 맡았던 자라 18 (이 사람이 불의의 삯
으로 밭을 사고 후에 몸이 곤두박질하여 배가 터져 창자가 다 흘러 나온지라 19 이
일이 예루살렘에 사는 모든 사람에게 알리어져 그들의 말로는 그 밭을 아겔다마라
하니 이는 피밭이라는 뜻이라) 20 시편에 기록하였으되 그의 거처를 황폐하게 하시
며 거기 거하는 자가 없게 하소서 하였고 또 일렀으되 그의 직분을 타인이 취하게 하
소서 하였도다 21 이러하므로 요한의 세례로부터 우리 가운데서 올려져 가신 날까지
주 예수께서 우리 가운데 출입하실 때에 22 항상 우리와 함께 다니던 사람 중에 하나
를 세워 우리와 더불어 예수께서 부활하심을 증언할 사람이 되게 하여야 하리라 하

거늘 23 그들이 두 사람을 내세우니 하나는 바사바라고도 하고 별명은 유스도라고
하는 요셉이요 하나는 맛디아라 24 그들이 기도하여 이르되 뭇 사람의 마음을 아시
는 주여 이 두 사람 중에 누가 주님께 택하신 바 되어 25 봉사와 및 사도의 직무를 대
신할 자인지를 보이시옵소서 유다는 이 직무를 버리고 제 곳으로 갔나이다 하고
26 제비 뽑아 맛디아를 얻으니 그가 열한 사도의 수에 들어가니라

마음의 문을 열며

하나님은 초대교회 태동의 역사를 성도의 모임과 기도를 통해서 이루어 가셨다. 오늘날 대부분의 교회들이 말로는 초대교회로 돌아가자며 부흥을 이야기하지만, 정작 초대교회에서 이루어졌던 순수한 성도의 모임이나 간절했던 기도에 대해서는 간과하는 경우가 많음을 보게 된다. 오늘 본문은 출생 직전의 신약교회가 얼마나 뜨겁게 모여서 기도했는지, 그리고 성령의 인도로 어떻게 12번째 제자가 선택되었는지를 보여 준다. 초대교회가 이 모임을 통해 받았던 은혜가 무엇인지 함께 발견해 보도록 하자.

말씀의 씨를 뿌리며

1 예수님이 승천하시는 영광스러운 모습을 지켜보았던 제자들은 예루살렘으로 돌아와 마가 요한의 다락방에 모였다. 약 120명에 달하는 제자들이 흩어지지 않고 모인 이유는 무엇인가?(12-15절, 참고 / 행 1:4-5, 12:12; 눅 24:48-49)

2 다락방에 모인 제자들은 11사도 외에도 평소에 예수님을 가까이 모셨던 사람들이었다. 성경은 그들 가운데 여자들과 예수님의 어머니와 형제들이 동석했다는 사실을 특별히 강조해서 말하고 있다. 그들에 대해 인상 깊게 기억되는 사건을 한 가지씩 말해 보라(14절, 참고 / 막 6:3; 요 7:5).

3 우리는 예수님과 그의 가족을 통해 한 가지 교훈을 배우게 된다. 그것은 가족 전도가 매우 어렵다는 점이다. 예수님도 3년 이상 걸리셨다. 가족을 전도하는 일이 왜 어려운지 이야기해 보자(참고 / 마 10:34-36).

4 다락방에서 제자들은 무엇을 하였는가?(14절) 그리고 이 날 제자들이 드린 기도의 특징이 무엇이었는지를 다음의 두 가지 측면에서 살펴보자.

- 약속을 붙든 기도(참고 / 행 1:4)/

- 합심하여 드린 기도(참고 / 마 18:19-20)/

5 초대교회가 세상에 그 모습을 드러내기 전에 가장 먼저 한 일은 합심하여 전심으로 기도하는 일이었다. 기도의 골방이 최초의 교회가 형성되는 산실이었던 셈이다. 당신은 우리가 그들처럼 기도하는 일을 제대로 하고 있다고 생각하는가? 다음의 글을 읽고 느낀 점을 나눠 보자.

"교회 내에 행정에 능숙한 사람은 많으나 번민하는 사람은 적으며, 헌금하는 사람은 많으나 기도하는 사람은 적고, 쉬는 사람은 많으나 간구하는 사람은 적다. 세속적인 그리스도인은 기도를 중단하지만 기도하는 그리스도인은 세속적인 것을 중단한다." _ 레이븐 힐

6 모여서 기도하고 있을 때, 베드로가 일어나 비어 있는 12번째 자리를 채울 사람을 뽑아야 한다는 의견을 내놓았다. 그러면서 그는 부활하신 예수님이 그러셨던 것처럼, 구약에 있는 말씀을 인용한다. 그 내용은 무엇인가?(16-20절)

7 어떤 문제나 사건이 생겼을 때 성경을 가지고 그 의미를 해석하는 것은 대단히 어려운 일이다. 성경에 대해 상당한 지식이 있어야 하고 말씀과 사건의 관계를 정확히 연결시킬 수 있는 영적 감각이 예민해야 할 수 있는 일이다. 우리 주변에는 무엇이나 지나치게 성경을 가지고 해석하려다 잘못된 길로 빠지는 자들이 많다. 당신은 자신의 당면한 문제에 대해 성경을 통해 하나님의 뜻을 알고 싶을 때 주로 어떤 방법을 택하는가? 예를 들어 성경을 읽다가 유난히 마음에 들어오는 내용과 연관시켜 생각한다든지, 아니면 기도 중에 어떤 말씀이 떠올라서 그것을 가지고 문제를 검토하든지 할 수 있다. 그리고 이것이 자신이 없으면 지도자를 찾아 상담을 청할 수 있다. 어떤 방법에 많이 의존하는지, 그리고 그 결과 받은 은혜가 있다면 말해 보라.

8 세상 사람들은 흔히 하나님이 모든 것을 이미 다 작정해 놓고 왜 가룟 유다에게 책임을 묻느냐고 따진다. 물론 하나님은 이미 유다가 어떻게 할 것을 알고 계셨다. 그러나 알고 계셨다는 것이 유다의 자유의지를 완전히 제거한 채, 그를 그런 운명에 몰아넣었다는 뜻은 아니다. 하나님은 알고 계셨지만, 그 행동을 처음부터 마지막까지 생각하고 계획하고 실행한 것은 어디까지나 유다 자신이었다. 불의의 재물을 취했다가 망한 가룟 유다를 통해서 당신이 배울 수 있는 교훈은 무엇인지 말해 보라(18-20절).

9 가룟 유다의 자리를 대신할 수 있는 사도로 누가 뽑혔는가? 그 자격은 무엇이며, 어떤 식으로 뽑히게 되었는가?(21-26절)

삶의 열매를 거두며

구약 시대와 같이 초대교회에서도 하나님께서 택하신 사람을 선택할 때 제비뽑기를 하였다. 그러나 이것은 세상 사람들이 하는 것과는 달랐다. 왜냐하면 그것은 우연의 선택이 아니라 하나님이 기도에 응답하신 것이라고 믿었기 때문이다. 그래서 제비뽑기 전에 요셉과 맛디아를 놓고 합심하여 간절히 기도하였다. 그러나 얼마 후 성령이 강림하신 다음부터는 제비 뽑는 방법이 사라진 것을 볼 수 있다. 성령께서 믿는 자에게 임하시고 함께하시는 이상 교회가 모여 기도하고 의견을 나누면 언제든지 하나님의 선택이 무엇인지를 알 수 있다고 믿기 때문이었다. 크고 작은 선택의 순간을 만날 때 당신은 어떻게 하는가? 성령의 인도를 받기 위해 당신이 해야 할 일은 무엇이라고 생각하는가?

Lesson 03

오순절, 성령이 임하시다

사도행전 2:1-13

1 오순절 날이 이미 이르매 그들이 다같이 한 곳에 모였더니 2 홀연히 하늘로부터 급
하고 강한 바람 같은 소리가 있어 그들이 앉은 온 집에 가득하며 3 마치 불의 혀처럼
갈라지는 것들이 그들에게 보여 각 사람 위에 하나씩 임하여 있더니 4 그들이 다 성
령의 충만함을 받고 성령이 말하게 하심을 따라 다른 언어들로 말하기를 시작하니
라 5 그때에 경건한 유대인들이 천하 각국으로부터 와서 예루살렘에 머물러 있더니
6 이 소리가 나매 큰 무리가 모여 각각 자기의 방언으로 제자들이 말하는 것을 듣고
소동하여 7 다 놀라 신기하게 여겨 이르되 보라 이 말하는 사람들이 다 갈릴리 사람
이 아니냐 8 우리가 우리 각 사람이 난 곳 방언으로 듣게 되는 것이 어찌 됨이냐 9 우
리는 바대인과 메대인과 엘람인과 또 메소보다미아, 유대와 갑바도기아, 본도와 아
시아, 10 브루기아와 밤빌리아, 애굽과 및 구레네에 가까운 리비야 여러 지방에 사는
사람들과 로마로부터 온 나그네 곧 유대인과 유대교에 들어온 사람들과 11 그레데인
과 아라비아인들이라 우리가 다 우리의 각 언어로 하나님의 큰 일을 말함을 듣는도
다 하고 12 다 놀라며 당황하여 서로 이르되 이 어찌 된 일이냐 하며 13 또 어떤 이들
은 조롱하여 이르되 그들이 새 술에 취하였다 하더라

마음의 문을 열며

예수님이 승천하신 지 약 열흘 만에 성령께서 강림하셨다. 이 오순절의 성령강림 사건은 마치 예수님의 십자가의 죽으심과 부활하심이 되풀이 될 수 없는 것처럼 역사 속에서 단 한 번 이루어진 단회적 사건이라고 할 수 있다. 이후로부터 성령께서는 세상 끝 날까지 교회를 떠나지 않고 성도와 함께 계신다. 그리스도를 영접하는 자에게는 차별 없이 그 마음에 임하셔서 떠나지 않으신다. 우리는 모두 성령께서 베푸시는 은혜의 시대에 살게 된 것이다. 이 얼마나 아름답고 풍요로운 축복인가? 오늘 이 시간 우리는 성령이 처음 임하는 황홀한 사건을 다루려고 한다. 오순절에 임하신 성령이 이 시간 우리에게 다시 한 번 새로운 은혜 주시기를 기도하자.

말씀의 씨를 뿌리며

1 아래의 글과 같이 유대인들에게 오순절이 갖는 의미는 특별했다. 오순절 절기를 맞아 제자들은 예수님이 약속하신 성령을 보내시리라는 말씀을 믿고 어떻게 하고 있었는가?(1절)

오순절은 50번째라는 의미를 가진 절기로서 유대에서는 유월절 다음 날부터 계산하여 7주 후인 50번째 되는 날이었다. 이 날을 맥추절(출 23:16) 또는 칠칠절(출 34:22)이라고도 불렀다. 이는 밀을 수확하고 지키는 추수감사절의 성격을 띠고 있었다. 후에는 시내 산에서 율법을 받은 날이라는 새로운 의미가 더해져, 유대인들에게 유월절이 국민의 탄생일이라면 오순절은 종교의 탄생일로 기억이 되었다.

2 본문에 기록된 오순절은 예수님이 부활한 지 50일째 되는 날로서, 주님이 약속하신 성령이 임하시므로 신약 교회의 탄생일이 되었다. 그 날 성령은 이미 오셨다. 그리고 다시 오시지 않는다. 한번 오신 성령은 영원히 우리와 함께 계신다. 성령의 은혜는 반복될 수 있어도, 성령의 임하심은 오순절에 있었던 사건으로 종결되었다. 다음의 성구를 가지고 이 사실을 확인해 보라.

- 요한복음 14:16-18

- 마태복음 28:20

3 성령이 강림하실 때 나타났던 초자연적인 표적은 무엇인가?(2-3절)

4 성령이 임하실 때 나타났던 표적에 대해 어떤 사람들은 지금도 언제든지 똑같은 표적이 일어날 수 있다고 주장하는 반면, 전통적인 복음주의적 입장에서는 그렇지 않다고 주장한다. 성령이 특별히 은혜 주시는 경우에 어떤 표적이 나타날 수 있다는 것을 부인하면 안 된다. 그러나 오순절에 있었던 것과 똑같은 표적이 일어난다고 주장하는 것은 매우 어리석고 위험하다. 예수님이 탄생할 때 있었던 천사들의 합창이 다시 들리지 않듯이 성령강림의 표적은 다시 일어날 이유가 없는 것이다. 당신은 성령의 은혜를 기대하고 사모할 때마다 표적에 대해 유혹을 받은 일은 없는가? 있다면 말해 보라.

5 성령이 오신 가장 큰 목적은 복음 증거에 있었다(1:8). 이것은 성령을 받은 자들에게 나타난 방언을 통해 분명히 확인할 수 있다. 당시 제자들이 받은 방언에 대해 아래의 질문을 중심으로 살펴보자.

- 누가 준 방언인가?(4절)

- 어떤 종류의 방언인가?(8절)

- 방언의 내용은 무엇인가?(11절)

- 이상의 사실이 복음 증거에 대해 암시하는 바는 무엇인가?(4:8, 참고 / 마 10:18-20)

6 제자들이 성령을 충만하게 받자 주변에 있던 사람들은 어떤 반응을 보였는가? 그리고 그 이유는 무엇이었나?(5-6절)

7 오순절에 성령이 임하자 그 자리에 모였던 제자들이 방언을 말함으로써 예루살렘을 떠들썩하게 만들었다. 하지만 그것은 요즘 우리가 아는 방언이 아니었다. 그들의 방언은 예수 그리스도가 부활하신 것을 큰 소리로 외치는 복음이요, 그 일을 노래하는 찬양이었다. 그러므로 그들이 소란스럽게 떠들어서 사람들이 달려오게 만든 것은 하나님의 특별하신 뜻이 있었기 때문이라고 해야 할 것이다. 그 뜻이 무엇이겠는가?(11절, 참고 / 2:41)

8 오순절 사건에서 확실히 말할 수 있는 것은 누구든지 성령 충만하면 예수 그리스도를 두려움 없이 증거하게 된다는 사실이다. 당신은 성령 충만한가? 그리고 그 증거를 전도와 찬양을 통해 얼마나 나타내고 있는가?

9 어느 시대, 어느 곳에서나 성령을 비방하는 자들은 있기 마련이다. 그들은 제자들이 하나님의 큰일을 말하는 모습을 보고 술취했다고 조롱하였다(13절). 당신도 혹시 성령이 하시는 일에 대해 경솔하게 비방한 일이 없는지 예수님의 교훈을 중심으로 돌아보자(참고 / 마 12:24, 31-32).

삶의 열매를 거두며

성령의 사람은 뜨겁고 강하다. 그리고 헌신적이다. 따라서 우리가 성령을 모신 사람이라면 미지근하지 않기 위해 노력해야 한다. 만약 자신이 미지근하다고 느낀다면 그 이유가 무엇인지 찾아보자. 그리고 오늘 이 시간 성령의 은혜를 받기 위해 합심하여 간곡히 기도하자.

교회의 입이 열리다

사도행전 2:14-36

14 베드로가 열한 사도와 함께 서서 소리를 높여 이르되 유대인들과 예루살렘에 사
는 모든 사람들아 이 일을 너희로 알게 할 것이니 내 말에 귀를 기울이라 15 때가 제
삼 시니 너희 생각과 같이 이 사람들이 취한 것이 아니라 16 이는 곧 선지자 요엘을
통하여 말씀하신 것이니 일렀으되 17 하나님이 말씀하시기를 말세에 내가 내 영을
모든 육체에 부어 주리니 너희의 자녀들은 예언할 것이요 너희의 젊은이들은 환상
을 보고 너희의 늙은이들은 꿈을 꾸리라 18 그때에 내가 내 영을 내 남종과 여종들에
게 부어 주리니 그들이 예언할 것이요 19 또 내가 위로 하늘에서는 기사를 아래로 땅
에서는 징조를 베풀리니 곧 피와 불과 연기로다 20 주의 크고 영화로운 날이 이르기
전에 해가 변하여 어두워지고 달이 변하여 피가 되리라 21 누구든지 주의 이름을 부
르는 자는 구원을 받으리라 하였느니라 22 이스라엘 사람들아 이 말을 들으라 너희
도 아는 바와 같이 하나님께서 나사렛 예수로 큰 권능과 기사와 표적을 너희 가운데
서 베푸사 너희 앞에서 그를 증언하셨느니라 23 그가 하나님께서 정하신 뜻과 미리
아신 대로 내준 바 되었거늘 너희가 법 없는 자들의 손을 빌려 못 박아 죽였으나 24
하나님께서 그를 사망의 고통에서 풀어 살리셨으니 이는 그가 사망에 매여 있을 수
없었음이라 25 다윗이 그를 가리켜 이르되 내가 항상 내 앞에 계신 주를 뵈었음이여
나로 요동하지 않게 하기 위하여 그가 내 우편에 계시도다 26 그러므로 내 마음이 기

뻐하였고 내 혀도 즐거워하였으며 육체도 희망에 거하리니 27 이는 내 영혼을 음부
에 버리지 아니하시며 주의 거룩한 자로 썩음을 당하지 않게 하실 것임이로다 28 주
께서 생명의 길을 내게 보이셨으니 주 앞에서 내게 기쁨이 충만하게 하시리로다 하
였으므로 29 형제들아 내가 조상 다윗에 대하여 담대히 말할 수 있노니 다윗이 죽어
장사되어 그 묘가 오늘까지 우리 중에 있도다 30 그는 선지자라 하나님이 이미 맹세
하사 그 자손 중에서 한 사람을 그 위에 앉게 하리라 하심을 알고 31 미리 본 고로 그
리스도의 부활을 말하되 그가 음부에 버림이 되지 않고 그의 육신이 썩음을 당하지
아니하시리라 하더니 32 이 예수를 하나님이 살리신지라 우리가 다 이 일에 증인이
로다 33 하나님이 오른손으로 예수를 높이시매 그가 약속하신 성령을 아버지께 받아
서 너희가 보고 듣는 이것을 부어 주셨느니라 34 다윗은 하늘에 올라가지 못하였으
나 친히 말하여 이르되 주께서 내 주에게 말씀하시기를 35 내가 네 원수로 네 발등상
이 되게 하기까지 너는 내 우편에 앉아 있으라 하셨도다 하였으니 36 그런즉 이스라
엘 온 집은 확실히 알지니 너희가 십자가에 못 박은 이 예수를 하나님이 주와 그리스
도가 되게 하셨느니라 하니라

마음의 문을 열며

다락방에 모였던 제자들이 성령 충만을 받고 방언으로 하나님의 큰일을 찬송하는 모습을 본 사람들 중에는 비웃고 조롱하는 자들이 있었다. 그때 베드로가 일어나 담대히 외쳤다. 그는 교회의 첫 전도자요 설교자가 된 것이다. 그의 설교는 매우 논리적이고 능력이 있었고, 성령께서 무엇을 세상에 전하기를 원하는지 정확히 보여 준 복음의 표본이었다. 그가 외치는 모습을 지켜본 유대인들은 전에 본 베드로가 아니라는 사실을 확인할 수 있었다. 성령의 사람은 담대히 복음을 전하게 된다. 이런 의미에서 베드로의 설교는 매우 중요한 역사적인 의미를 갖는다. 우리 모두 마음을 모아 영광스럽고 능력 있는 그의 설교에 귀를 기울이도록 하자.

말씀의 씨를 뿌리며

1 베드로는 술에 취했다고 조롱하는 자들에게 아직 3시가 아니냐는 한마디의 대답으로 그들의 입을 다물게 했다. 유대인의 시계로 3시면 우리에게는 오전 9시에 해당된다. 유대 나라에서는 이렇게 이른 시간부터 술을 입에 대는 사람이 없다는 것은 누구나 다 아는 상식이다. 그 다음 베드로는 담대하게 하나님의 말씀을 증거했다. 성령 충만한 사람은 말씀으로 충만하게 된다. 무식했던 베드로가 갑자기 구약을 인용하고 있는 것을 보면 알 수 있다. 그가 인용한 내용은 어떤 것인가?

- 16절/

- 25절/

- 34절/

2 베드로는 성령이 모든 믿는 자에게 임하시는 때를 말세라고 부른다. 말세는 마지막 때이자 구원을 받아야 할 때다. 그래서 구원을 얻도록 하기 위해 하나님은 모든 육체에게 성령을 아낌없이 부어주신다. 이런 이유로 요엘 선지자는 성령 강림과 세상 종말을 나란히 비교하고 있다. 17-18절과 19-20절을 가지고 이 사실을 설명해 보라.

3 주님은 성령을 '부어주신다' 고 말씀하셨다. 이것은 퍼붓는다는 뜻이다. 이 말이 의미하는 바는 무엇인가?(17-18절, 참고 / 잠 1:23; 사 32:15)

4 성령을 받은 자는 예언하고 꿈을 꾸고 환상을 보는 일이 일어난다고 했다. 이에 대한 해석은 크게 두 갈래로 나뉜다. 이것을 글자 그대로 보는 견해가 있고, 세 가지 내용을 하나로 보는 견해가 있다. 전자는 자녀만 예언하느냐는 질문에 답하기 어려울 뿐 아니라, 의미도 없는 예언이나 꿈을 가지고 잘못된 길로 빠질 위험이 있다. 따라서 주의 재림과 함께 완성될 하나님 나라를 확장하기 위해 증거하는 복음이 바로 예언이요, 그 나라의 영광을 가슴에 품고 비전을 세우고 뛰는 것이 꿈이요, 환상이라고 보는 것이 바람직하다. 당신은 꿈이나 환상으로 시험에 든 일이 없는가? 그리고 복음을 전하는 것이 예언이요, 하나님 나라의 영광을 고대하는 것이 꿈이요 환상임을 믿을 수 있는가? 그리고 어떻게 이러한 확신을 가지게 되었는지 말해 보라.

5 베드로가 전한 복음의 핵심은 예수님의 죽음과 부활, 그리고 그의 구세주 되심이다. 그 내용을 정리해 보라.

- 23절/

- 32절/

- 36절/

6 예수님의 부활은 갑자기 일어난 돌발 사건이 아니었다. 그렇다고 조작해서 만든 소문도 아니었다. 그것은 이미 수백 년 전부터 다윗이 예언한 일이었다. 이 점을 베드로는 어떻게 명료한 논리로 증명하고 있는가? (25-31절)

7 성령 충만하면 비이성적인 사람처럼 오해하는 일이 가끔 있다. 하지만 성령의 사람은 베드로처럼 논리적으로 생각하고 연구하고 말하는 사람이다. 예수님의 부활을 베드로처럼 논리정연하게 증거할 수 있을 만큼 성경을 배워야 한다. 당신은 어떤가? 몇 마디 말이 아니라, 성경으로 차근차근히 복음에 대해 설명할 수 있도록 준비된 사람인가?

8 36절에서 예수님이 주와 그리스도가 되었다는 말의 의미가 무엇인지 설명하라.

9 32절을 외우라. 그리고 자신이 부활의 증인인 것을 확신하고 있는지 고백하라.

삶의 열매를 거두며

오늘 본문을 통해 우리는 베드로가 성령 충만을 받은 사람이라는 사실을 알 수 있다. 베드로가 성령 충만했음을 보여 주는 증거들을 다시 한 번 정리하고, 각자 자신의 모습과 비교해 보라. 당신이 기도해야 할 제목은 무엇인가?

Lesson 05

교회의 첫 모습이 드러나다

사도행전 2:37-47

37 그들이 이 말을 듣고 마음에 찔려 베드로와 다른 사도들에게 물어 이르되 형제들
아 우리가 어찌할꼬 하거늘 38 베드로가 이르되 너희가 회개하여 각각 예수 그리스
도의 이름으로 세례를 받고 죄 사함을 받으라 그리하면 성령의 선물을 받으리니
39 이 약속은 너희와 너희 자녀와 모든 먼 데 사람 곧 주 우리 하나님이 얼마든지 부
르시는 자들에게 하신 것이라 하고 40 또 여러 말로 확증하며 권하여 이르되 너희가
이 패역한 세대에서 구원을 받으라 하니 41 그 말을 받은 사람들은 세례를 받으매 이
날에 신도의 수가 삼천이나 더하더라 42 그들이 사도의 가르침을 받아 서로 교제하
고 떡을 떼며 오로지 기도하기를 힘쓰니라 43 사람마다 두려워하는데 사도들로 말미
암아 기사와 표적이 많이 나타나니 44 믿는 사람이 다 함께 있어 모든 물건을 서로
통용하고 45 또 재산과 소유를 팔아 각 사람의 필요를 따라 나눠 주며 46 날마다 마음
을 같이하여 성전에 모이기를 힘쓰고 집에서 떡을 떼며 기쁨과 순전한 마음으로 음
식을 먹고 47 하나님을 찬미하며 또 온 백성에게 칭송을 받으니 주께서 구원 받는 사
람을 날마다 더하게 하시니라

마음의 문을 열며

성령의 권능을 입고 외친 베드로의 설교는 역사상 전무후무한 기적을 가져왔다. 숱한 사람들이 즉시 회개하고 돌아왔기 때문이다. 베드로는 성령의 권능이 얼마나 대단한가를 잘 입증한 셈이다. 그로 인해 드디어 예루살렘 교회가 탄생하였다. 아니, 성령이 임하신 후 성령께서 시작한 말세의 첫 교회가 세상 앞에 그 모습을 드러낸 것이다. 얼마나 영광스러운 장면인가! 이 교회는 여러 면에서 이상적인 모델이 되었다. 좋은 교회, 건전한 교회를 바라는 우리에게 이 교회는 우리가 반드시 배우고 본받아야 할 중요한 원리와 생활을 보여 주고 있다. 이 시간 성령께서 우리가 몸담고 있는 교회를 위해 필요한 깨우침과 능력을 주시도록 기도하면서 배움에 임하도록 하자.

말씀의 씨를 뿌리며

1 베드로의 설교를 들은 회중 가운데 상당수가 두 달 전만 해도 빌라도의 법정 광장에 모여 예수를 십자가에 못 박으라고 소리치던 자들이다. 베드로가 23절에서 이미 그들의 죄를 지적한 것을 보아도 알 수 있다. 그들은 예수가 살아나셨다는 사실을 듣자 죄 없는 의인을 죽였다는 양심의 소리 때문에 더 이상 죄책감을 이기기 어려운 폭발 직전의 상황에 이르렀다. 그때 그들은 어떤 반응을 보였는가?(37절)

2 오늘날 우리의 심각한 영적 문제는 말씀을 통해 성령께서 우리의 구체적인 죄를 지적해도 마음에 찔려 진심으로 통회하고 회개하는 일이 일어나지 않는 데 있다. 죄가 없어 눈물이 없는 것이 아니라 죄에 대한 양심의 가책이 둔해져서 눈물이 없는 것이다. 당신은 설교를 듣거나 말씀을 읽다가 마음에 찔려 혼자 억누르기 힘든 번민을 해 본 경험이 있는가? 함께 나누어도 좋은 내용이라면 자신의 체험을 간단히 말해 보라.

3 가슴을 치는 자들을 향해 베드로가 무엇이라고 가르쳤는가?(38절)

4 아래는 베드로가 말한 회개, 세례, 죄 사함, 성령 받음의 관계에 대해 정리한 글이다. 다음의 성경말씀을 가지고 아래의 글에서 말하는 내용을 확인해 보자.

베드로의 말을 읽으면 회개, 세례, 죄 사함, 성령 받음이 예수 믿고 돌아오는 자가 거쳐야 할 필수적인 과정처럼 보인다. 여기서 회개를 믿음과 동일하게 보아도 된다. 그 당시 유대인들은 하나님의 아들을 눈으로 직접 보았던 자들이므로 보고도 그를 믿지 않았던 죄를 회개한다는 것은 곧 그를 구주로 믿는다는 것을 의미하고 있었다. 세례는 죄사함 받았다는 것을 확인받는 의식이었다. 그 다음 마지막으로 성령을 선물로 받는다고 되어 있다. 이 점에 대해서는 성경학자들 사이에서 불꽃 튀는 논쟁이 계속되고 있다. 성령은 물세례 받고 죄사함을 얻은 자가 별도로 받는 이차적인 은혜인지, 아니면 예수를 믿고 고백하면서 받는 본래의 은혜인지를 가지고 서로의 주장이 팽팽하게 맞서고 있기 때문이다. 우리가 분명히 알아야 하는 것은 성령이 임하지 않은 사람은 회개도 할 수 없고 믿을 수도 없다는 사실이다. 믿고 세례를 받는 사람의 심령에는 이미 성령이 임하셨고 함께 하신다. 그렇다면 왜 베드로는 마치 믿고 세례를 받은 사람이 새삼스럽게 성령을 받는 것처럼 이야기하는 것일까? 이것은 조금도 이상한 일이 아니다. 베드로나 제자들은 3년 전에 이미 예수를 믿었던 사람들이다. 그러므로 그들에게 임한 오순절의 성령은 믿고 나서 받은 제2의 축복으로 보였을 것이다. 결국 그는 자기의 체험을 근거하여 말하고 있는 것이다. 따라서 방언을 하거나 어떤 신기한 표적이 보이지 않는다고 성령을 받지 않은 것이라고 주장해서는 안 된다. 그리고 예수를 믿은 다음에 반드시 성령의 선물을 다시 받는 체험을 가져야 구원받는다고 주장을 해서도 안 된다.

- 로마서 8:9/

- 고린도전서 2:14/

- 고린도전서 12:3/

5 성령은 누구에게 주어진 선물인가?(39절)

6 신약시대에 나타난 첫 교회는 교인이 3천 명이나 되는 대형교회였다. 아무 전통도 없는 교회가 갑자기 커지면 질서가 없고 교육이 잘 안 되는 어려움으로 큰 혼란을 빚을 수 있다. 그러나 놀랍게도 예루살렘 교회는 그와는 정반대였다. 그 교회가 가진 장점을 정리해 보자.

- 1:15/

- 42절/

o 44절/

o 46절/

o 47절/

7 교회가 시작되기 전에 이미 120여 명의 남녀 지도자가 준비되어 있었고, 새로 믿기 시작한 교인들이 밀려들었을 때 그들이 즉시 말씀을 가르쳐서 신앙의 터를 닦아주고 교회생활을 바로 할 수 있는 삶을 지도했다는 것은 우리에게 큰 교훈이 아닐 수 없다. 42절을 다시 주목해 보라. 올바른 신앙생활은 말씀을 배우는 데서부터 시작됨을 알 수 있다. 말씀의 터 위에서 성도의 교제와 떡을 떼는 예배와 기도하는 생활에 힘써야 한다. 당신의 신앙생활은 말씀을 바로 배우는 데서 시작되고 있는지 살펴보라. 그리고 말씀을 등한히 하면 교제와 예배, 심지어 기도가 잘못될 수 있음을 한두 가지 사례를 들어 이야기해 보라.

8 성령의 은혜를 체험한 그들은 모든 물건을 서로 통용하기 시작했다. 가난한 이웃이 필요할 때마다 주저하지 않고 나누어 준 것이다. 누가 강제로 그렇게 하라고 요구한 것이 아니다. 처음부터 사랑의 동기에서 나온 행동이었다. 이는 성령 충만하여 그들 속에 자리 잡고 있던 강한 소유욕이 힘을 잃었기 때문에 가능했다. 이기심이 이타심으로 바뀌는 변화를

체험했기에, 즐겁게 나눌 수 있었다. 성령의 감동으로 이웃을 돕고자 하는 자는 억지로 내놓지 않는다. 예수님을 믿고 각자에게 일어난 소유욕의 변화에 대해 말해 보라(참고 / 딤전 6:17-19; 약 2:14-17).

9 성도의 삶이란 유리 상자 속의 인형처럼 어느 방향에서 보아도 훤히 들여다보이는 삶이라고 해도 과언이 아니다. 오늘날 많은 불신자들이 신자들에 대해 "말만 많다" "불성실하다" "위선적이다" 라고 평한다. 이와는 달리 예루살렘 교인들은 사람들로부터 칭송을 받았다. 칭찬을 듣는 그들의 삶 자체가 전도가 되어 구원받는 자가 날로 늘어갔다. 우리는 왜 칭찬을 듣지 못하는가? 그 이유가 어디에 있는가?

삶의 열매를 거두며

우리가 몸담고 있는 교회가 예루살렘 교회의 모습으로 돌아가기 위해 가장 먼저 힘써야 할 것은 무엇인가? 서로의 이야기를 나눈 다음, 교회를 위해 기도하는 시간을 갖자.

Lesson 06

예수의 이름으로 박차고 일어나다

사도행전 3:1-10

1 제 구 시 기도 시간에 베드로와 요한이 성전에 올라갈새 2 나면서 못 걷게 된 이를
사람들이 메고 오니 이는 성전에 들어가는 사람들에게 구걸하기 위하여 날마다 미
문이라는 성전 문에 두는 자라 3 그가 베드로와 요한이 성전에 들어가려 함을 보고
구걸하거늘 4 베드로가 요한과 더불어 주목하여 이르되 우리를 보라 하니 5 그가 그
들에게서 무엇을 얻을까 하여 바라보거늘 6 베드로가 이르되 은과 금은 내게 없거니
와 내게 있는 이것을 네게 주노니 나사렛 예수 그리스도의 이름으로 일어나 걸으라
하고 7 오른손을 잡아 일으키니 발과 발목이 곧 힘을 얻고 8 뛰어 서서 걸으며 그들
과 함께 성전으로 들어가면서 걷기도 하고 뛰기도 하며 하나님을 찬송하니 9 모든
백성이 그 걷는 것과 하나님을 찬송함을 보고 10 그가 본래 성전 미문에 앉아 구걸하
던 사람인 줄 알고 그에게 일어난 일로 인하여 심히 놀랍게 여기며 놀라니라

마음의 문을 열며

오늘 우리가 읽은 본문은 예루살렘 교회의 시작과 더불어 나타난 많은 이적들 가운데 가장 대표적인 사건 하나를 자세히 기록하고 있다. 나면서부터 앉은뱅이였던 중년 남자가 예수님의 이름으로 고침을 받고 하나님을 찬송하며 성전으로 뛰어 들어간 이야기다. 이 사건은 내용 자체가 지닌 의미도 크지만, 예루살렘 교회에 미친 영향 역시 놀라움을 금치 못할 정도로 대단한 것이다. 이 시간 예수 그리스도의 이름이 가진 능력을 우리도 다시 한 번 새롭게 확인하고 체험해 보자.

말씀의 씨를 뿌리며

1 베드로와 요한은 무엇을 하러 가고 있었나?(1절)

2 초대교회 성도들은 여전히 성전과 전통적인 기도 시간을 존중하고 있었음을 알 수 있다. 유대인들은 하루 중 오전 9시, 정오, 오후 3시를 정해서 기도하는 오랜 관습이 있었다. 베드로와 요한은 예수를 믿음으로 더 이상 필요 없게 된 종교의식을 버리지 않고 계속해서 지킴으로 자신의 경건생활의 활력을 유지하고 있었다. 다시 말해, 그들은 아름다운 경건의 습관을 소중히 여겼다. 우리에게도 역시 습관적인 기도생활과 예배에 참석하는 일은 대단히 중요하다. 각자의 기도 습관과 예배 참석에 대해 이야기해 보라.

3 베드로와 요한은 성전에 올라가면서 한마음을 가지고 팀을 이루어 사역했다. 예수님과 3년 동안 사역하는 중에도 이 둘은 자주 팀이 되어 일했던 경험이 있었다. 그들은 형제도 아니었고, 나이도 열두 제자 중에서

한 명은 최고 연장자였고 다른 한 명은 최연소자였다. 그럼에도 불구하고 서로 마음을 합하여 큰 이적을 행하였다. 미문에 앉은 앉은뱅이는 두 제자에게 무엇을 요구하였는가?(3, 5절)

4 베드로는 무엇이라고 말했으며, 어떻게 행동하였는가?(6-7절)

5 이름이란 한 사람의 인격과 권위를 대표한다. 베드로는 자신의 이름이 아닌 유대인들이 멸시하는 나사렛 예수의 이름으로 기적을 행하였다. 예수의 이름은 모든 권위를 지니고 있다. 그분의 이름은 "모든 이름 위에 뛰어나기" 때문에, 그분은 우리의 경배와 순종을 받기에 합당하다. 사도들을 비롯하여 초대교회 성도들은 예수의 이름이 갖는 권세와 능력을 의심하지 않았다. 그 이름 앞에 맞설 어떤 대적도 없다고 확신하고 그 이름을 자랑하며 의지하고 살았다. 당신에게는 이런 확신이 있는가? 그리고 실제로 예수의 이름이 가진 능력을 체험한 사건이 있으면 서로 나누어 보자.

6 오늘날 교회도 베드로와 요한처럼 교회 밖에 있는 가난한 자들에게 관심을 가져야 한다. 이는 경제적인 면이나 영적인 면 모두를 포함한다. 교회는 우리와 함께 있는 가난한 자들(요 12:8)에게 관심을 가져야 하고, 그들에게 가장 중요한 것은 돈이 아니라 나사렛 예수 그리스도의 이름이다. 그 이유는 무엇인가? 그리고 오늘날 교회가 왜 무력해졌는지 아래의 글을 읽고 이야기해 보자.

중세의 대표적인 신학자 토마스 아퀴나스와 교황 이노센스 2세 사이에 다음과 같은 대화를 나누었다는 이야기가 전해지고 있다. 아퀴나스가 교황을 방문하자 마침 교황은 탁자에 가득한 돈을 세고 있었다. 교황은 아퀴나스를 보자마자 희색이 만면하여 "토마스, 당신도 보다시피 교회는 더 이상 '은과 금은 내게 없다' 는 소리를 안 해도 좋게 되었소"라고 말했다. 그러자 아퀴나스는 "사실입니다. 그러나 이제는 교회가 나사렛 예수의 이름으로 '일어나 걸으라' 고 하는 명령은 할 수 없게 되었습니다."라고 대답했다.

7 40년 동안 앉아 지냈던 사람이 걷게 되었을 때 그는 어떻게 했는가?(8절)

8 예수의 이름으로 고침을 받기 전과 받은 후를 비교해 볼 때, 앉은뱅이의 관심과 행동에서 나타난 두드러진 변화는 무엇인가?(3, 8-9절)

9 예수님을 믿은 다음 당신의 관심사는 '돈' 에서 '하나님 찬양' 으로 바뀌었는가? 그리고 영적인 앉은뱅이가 되어 성전 밖에만 앉아 있다가 뛰면서 성전으로 달려 들어오는 사람이 되었는가?

삶의 열매를 거두며

고침 받은 앉은뱅이를 보고 사람들은 심히 놀랐다고 성경은 말한다. 세상 사람들의 눈에 놀랍게 보인다면, 그들이 이해할 수 없는 무엇인가를 가지고 있다는 말이 될 것이다. 사람들이 볼 때 당신에게 있는 놀라운 것은 있는지 한 가지씩 나눠보자.

Lesson 07

왜 우리를 주목하느냐

사도행전 3:11-26

11 나은 사람이 베드로와 요한을 붙잡으니 모든 백성이 크게 놀라며 달려 나아가 솔
로몬의 행각이라 불리우는 행각에 모이거늘 12 베드로가 이것을 보고 백성에게 말하
되 이스라엘 사람들아 이 일을 왜 놀랍게 여기느냐 우리 개인의 권능과 경건으로 이
사람을 걷게 한 것처럼 왜 우리를 주목하느냐 13 아브라함과 이삭과 야곱의 하나님
곧 우리 조상의 하나님이 그의 종 예수를 영화롭게 하셨느니라 너희가 그를 넘겨 주
고 빌라도가 놓아 주기로 결의한 것을 너희가 그 앞에서 거부하였으니 14 너희가 거
룩하고 의로운 이를 거부하고 도리어 살인한 사람을 놓아 주기를 구하여 15 생명의
주를 죽였도다 그러나 하나님이 죽은 자 가운데서 그를 살리셨으니 우리가 이 일에
증인이라 16 그 이름을 믿으므로 그 이름이 너희가 보고 아는 이 사람을 성하게 하였
나니 예수로 말미암아 난 믿음이 너희 모든 사람 앞에서 이같이 완전히 낫게 하였느
니라 17 형제들아 너희가 알지 못하여서 그리하였으며 너희 관리들도 그리한 줄 아
노라 18 그러나 하나님이 모든 선지자의 입을 통하여 자기의 그리스도께서 고난 받
으실 일을 미리 알게 하신 것을 이와 같이 이루셨느니라 19 그러므로 너희가 회개하
고 돌이켜 너희 죄 없이 함을 받으라 이같이 하면 새롭게 되는 날이 주 앞으로부터
이를 것이요 20 또 주께서 너희를 위하여 예정하신 그리스도 곧 예수를 보내시리니
21 하나님이 영원 전부터 거룩한 선지자들의 입을 통하여 말씀하신 바 만물을 회복

하실 때까지는 하늘이 마땅히 그를 받아 두리라 22 모세가 말하되 주 하나님이 너희
를 위하여 너희 형제 가운데서 나 같은 선지자 하나를 세울 것이니 너희가 무엇이든
지 그의 모든 말을 들을 것이라 23 누구든지 그 선지자의 말을 듣지 아니하는 자는
백성 중에서 멸망 받으리라 하였고 24 또한 사무엘 때부터 이어 말한 모든 선지자도
이 때를 가리켜 말하였느니라 25 너희는 선지자들의 자손이요 또 하나님이 너희 조
상과 더불어 세우신 언약의 자손이라 아브라함에게 이르시기를 땅 위의 모든 족속
이 너의 씨로 말미암아 복을 받으리라 하셨으니 26 하나님이 그 종을 세워 복 주시려
고 너희에게 먼저 보내사 너희로 하여금 돌이켜 각각 그 악함을 버리게 하셨느니라

마음의 문을 열며

우리 주변에는 희한한 이적을 행할 수 있다고 자랑하는 자들을 자주 볼 수 있다. 그들은 자신들의 이름을 사진과 함께 대문짝만하게 광고하며 사람들의 시선을 끌고 있다. 물론 그들 모두가 그런 것은 아니지만, 대개는 자기를 자랑하는 소영웅주의에 빠져 예수의 이름을 마치 상품권처럼 사용하는 것이 아닌가 하는 우려를 갖게 한다. 하지만 진실한 주의 종은 결코 자기를 내세우지 않는다.

성령의 충만을 받자 베드로는 도무지 고칠 수 없었던 앉은뱅이를 고쳤다. 하지만 조금도 자기의 모습을 드러내지 않는다. 그의 설교를 듣고 있노라면 자기 때문에 주님의 영광이 가리게 될까 봐 안절부절하는 그의 심정을 느낄 수 있다. 오직 예수님만을 자랑하고 높이려는 간절한 열망이 그의 가슴속에서 힘차게 뛰고 있음을 알 수 있다. 얼마나 감동적인 메시지요 태도인가! 이 시간 우리는 베드로를 통해 진실한 종의 모습을 보게 된다.

말씀의 씨를 뿌리며

1 앉은뱅이 거지를 고쳐준 베드로를 보고 치유의 역사에 크게 충격을 받고 몰려온 사람들에게 베드로는 무엇이라고 말했는가? 그리고 이렇게 말한 이유는, 다시 말해 그가 걱정한 문제는 무엇인가? (12절, 참고 / 행 12:22-23, 14:11-15)

2 우리는 베드로처럼 사도로 쓰임 받는 사람이 아니다. 그러나 비록 평범하지만 우리도 가끔씩 칭찬받고 높임을 받는 경우가 있다. 어떤 경우에 그렇게 되기 쉬운지, 그리고 그때 당신은 어떻게 대처하고 있는지 말해 보라.

3 베드로의 설교에서 발견할 수 있는 놀라운 사실은 청중의 죄를 사정없이 지적하고 있다는 점이다. 13-15절을 가지고 이 사실을 설명해 보라.

4 오늘날 많은 교인들은 죄를 구체적으로 지적하는 설교를 대단히 싫어한다. 오히려 그런 설교를 전하는 목사를 향해 '지혜가 없는 사람이니, 현대인을 이해하지 못하는 사람이니' 하며 비아냥거린다. 뿐만 아니라 공적인 자리에서 눈물로 회개하는 것 자체를 쑥스럽게 여긴다. 설교자도, 청중도 모두 병이 든 것 같다. 왜 이런 가슴 아픈 현상이 일어나고 있는가?

5 베드로의 설교는 청중의 아픈 곳을 찌르는 것만으로 끝나지 않았다. 이어 그는 세 가지를 증거하고 있다. 그것이 무엇인지 말해 보라(15-17절).

6 16절은 우리가 이해하기 조금 어려운 말씀이다. 왜냐하면 마치 앉은뱅이가 믿음이 있어서 고침 받은 것처럼 이야기하고 있기 때문이다. 그러나 사실은 앉은뱅이는 전혀 믿음을 갖고 있지 않았다. 그러면 본문의 믿음은 누구의 믿음을 말하는 것인가? 그것은 베드로와 요한의 믿음을 가리킨다고 할 수 있다. 우리는 종종 도움이 필요한 사람을 향해 믿으라고 강요할 때는 많아도 도움을 줄 입장에 있는 우리 자신의 믿음이 중요하다는 점에 대해서는 등한히할 때가 있다. 주님은 자기의 이름으로 일하는 자의 믿음을 더 요구하실 때가 많다. 우리가 예수의 이름으로 하나님

께 영광을 돌릴 만한 아름다운 일을 하지 못하는 원인이 우리 자신의 믿음 없음에 있다고 생각지는 않는가? 각자의 생각을 말해 보라.

7 회개하는 자에게 하나님이 주시겠다고 약속하신 은혜는 무엇인가?(19-21절)

8 새롭게 되는 날이 이른다는 것은 회개와 한 쌍을 이루는 적극적인 개념이라고 할 수 있다. 왜 회개하고 주님께 돌아오면 새롭게 되는가?(참고 / 시 32:3-5; 잠 23:16)

9 베드로는 이스라엘 사람들이 알기를 바라고 소망했던 주제를 다루기 시작한다. 이스라엘 사람들은 오래 전부터 메시아가 오시면 자기 나라의 국권을 회복하실 것으로 기대하고 있었다. 이 문제에 대해 베드로가 어떻게 대답하고 있는지 간단히 정리해 보라.

- 하나님이 계획하신 회복은 어떤 것인가?(21절, 참고 / 엡 1:10)

- 언제 회복되는가?(20-21절, 참고 / 행 1:6-7)

- 이 회복은 언제부터 계획되고 알려진 것인가?(21-24절)

- 왜 예수님을 먼저 이스라엘 자손에게 보내어 복음을 전하게 하셨는가?(25-26절)

삶의 열매를 거두며

이 시간 우리는 베드로의 설교를 통해 중요한 내용을 검토해 보았다. 전도자는 오직 예수의 이름으로 말하고 그 이름을 높이고 자랑해야 한다. 진정한 복음은 죄를 회개하도록 말해야 한다. 예수를 믿어야 할 사람의 믿음도 중요하지만 전하는 자의 믿음은 더 중요하다. 복음은 반드시 예수의 부활을 증거해야 한다. 회개하고 돌아오는 자는 새롭게 되는 복을 누린다. 예수님이 재림하시면 온 우주가 의의 나라로 회복된다. 예수님이 이스라엘 나라에 찾아오셨고 그들이 먼저 복음을 들은 것은 그들의 조상과 맺은 언약 때문이다. 하나님은 성실하셔서 수천 년이 지난 후에도 그 언약을 어기지 않으셨다. 이상의 내용에서 당신이 가장 크게 깨닫고 받은 은혜는 무엇인지 나눠 보라. 그리고 그 내용을 가지고 함께 기도하는 시간을 갖자.

Lesson 08

사도들 공회 앞에 서다

사도행전 4:1-22

1 사도들이 백성에게 말할 때에 제사장들과 성전 맡은 자와 사두개인들이 이르러
2 예수 안에 죽은 자의 부활이 있다고 백성을 가르치고 전함을 싫어하여 3 그들을 잡
으매 날이 이미 저물었으므로 이튿날까지 가두었으나 4 말씀을 들은 사람 중에 믿는
자가 많으니 남자의 수가 약 오천이나 되었더라 5 이튿날 관리들과 장로들과 서기관
들이 예루살렘에 모였는데 6 대제사장 안나스와 가야바와 요한과 알렉산더와 및 대
제사장의 문중이 다 참여하여 7 사도들을 가운데 세우고 묻되 너희가 무슨 권세와
누구의 이름으로 이 일을 행하였느냐 8 이에 베드로가 성령이 충만하여 이르되 백성
의 관리들과 장로들아 9 만일 병자에게 행한 착한 일에 대하여 이 사람이 어떻게 구
원을 받았느냐고 오늘 우리에게 질문한다면 10 너희와 모든 이스라엘 백성들은 알라
너희가 십자가에 못 박고 하나님이 죽은 자 가운데서 살리신 나사렛 예수 그리스도
의 이름으로 이 사람이 건강하게 되어 너희 앞에 섰느니라 11 이 예수는 너희 건축자
들의 버린 돌로서 집 모퉁이의 머릿돌이 되었느니라 12 다른 이로써는 구원을 받을
수 없나니 천하 사람 중에 구원을 받을 만한 다른 이름을 우리에게 주신 일이 없음이
라 하였더라 13 그들이 베드로와 요한이 담대하게 말함을 보고 그들을 본래 학문 없
는 범인으로 알았다가 이상히 여기며 또 전에 예수와 함께 있던 줄도 알고 14 또 병
나은 사람이 그들과 함께 서 있는 것을 보고 비난할 말이 없는지라 15 명하여 공회에

서 나가라 하고 서로 의논하여 이르되 16 이 사람들을 어떻게 할까 그들로 말미암아
유명한 표적 나타난 것이 예루살렘에 사는 모든 사람에게 알려졌으니 우리도 부인
할 수 없는지라 17 이것이 민간에 더 퍼지지 못하게 그들을 위협하여 이 후에는 이
이름으로 아무에게도 말하지 말게 하자 하고 18 그들을 불러 경고하여 도무지 예수
의 이름으로 말하지도 말고 가르치지도 말라 하니 19 베드로와 요한이 대답하여 이
르되 하나님 앞에서 너희의 말을 듣는 것이 하나님의 말씀을 듣는 것보다 옳은가 판
단하라 20 우리는 보고 들은 것을 말하지 아니할 수 없다 하니 21 관리들이 백성들 때
문에 그들을 어떻게 처벌할지 방법을 찾지 못하고 다시 위협하여 놓아 주었으니 이
는 모든 사람이 그 된 일을 보고 하나님께 영광을 돌림이라 22 이 표적으로 병 나은
사람은 사십여 세나 되었더라

마음의 문을 열며

나면서 앉은뱅이 된 사람을 일으킨 사건은 대단한 파장을 불러 일으켰다. 예루살렘에 있던 지도층들은 그대로 방치하기에는 너무 위험하다고 판단하였다. 그래서 두 사도를 투옥시키고 유대나라에서 가장 악명 높은 산헤드린 공회를 소집하여 재판을 열기로 하였다. 예수의 이름을 다시는 말하지 못하도록 기를 꺾어 놓자는 의도였던 것이다.

그러나 승리자 되신 예수 그리스도는 그들의 어리석은 행동을 통하여 더 영광스러운 일을 이루어 가셨다. 오히려 예수의 부활을 증거하는 제자들을 막을 권세가 이 세상에는 하나도 없다는 사실을 보여 주는 기회로 삼으셨다. 얼마나 신나는 일인가! 세상 권세는 감히 주님을 대항할 수 없다. 결단코 그럴 수 없다.

말씀의 씨를 뿌리며

1 앉은뱅이가 고침 받고 성전에서 하나님을 찬양하는 모습을 보고 놀란 수많은 사람들이 베드로와 요한의 주변에 몰려들자 두 사도는 지체하지 않고 예수 그리스도의 복음을 전하였다. 여기서 주님이 앉은뱅이를 일으키신 목적이 어디에 있었는지를 발견할 수 있다. 복음을 더 효과적으로 더 많은 사람들에게 전할 수 있는 기회를 제공하기 위해서였다. 그 결과 또 어떤 기적이 일어났는가?(4절)

2 수많은 남녀가 예수를 믿고 돌아오자 무슨 시험이 일어났는가?(1-3절)

3 이튿날 산헤드린 공회가 소집되었을 때, 일개 어부 출신인 사도들은 당시 가장 세도가 당당한 지도자들 앞에 서게 되었다. 이 공회는 몇 달 전 예수님을 불법으로 재판하고 사형을 언도했던 악명 높은 사법기관이었다. 두 사도는 예수님이 붙잡혀 심문 받던 그 자리에 자기들이 서게 된 사실에 대해 황송하고 또 영광스럽게 생각했을 것이다. 재판장이 두 사

도에게 던진 첫 번째 질문은 무엇인가? 그리고 왜 이런 질문을 던졌는가?(7절, 참고 / 마 21:23)

4 베드로의 답변은 무엇이었나? 특히 베드로는 예수 그리스도에 대해 세 가지 사실을 언급하고 있다. 그 내용을 말하라(8-12절).

5 기독교와 다른 종교 사이에는 불신자들이 보기에 별로 다른 점이 없는 것처럼 보인다. 그래서 어떤 사람들은 기독교가 너무 배타적이고 독선적이라고 비판한다. 그들은 사람마다 각자의 종교를 통해 구원을 얻을 수 있는데, 예수를 꼭 믿어야 한다며 전도하는 것은 지나친 간섭이라고 주장한다. 당신은 이런 사람들 앞에서 12절의 말씀을 가지고 오직 예수님만이 유일한 구원자임을 베드로처럼 증거할 수 있는가?

6 공회원들은 베드로의 당당하고 논리 정연한 대답을 듣고 어떤 반응을 보였는가?(13-16절)

7 무슨 수를 써서라도 유대 지도자들이 막아 보려고 한 것은 무엇인가? 그리고 그 이유는 무엇인가?(17-18절, 참고 / 눅 10:1-2, 17-19).

8 18절과 20절을 비교해 보면 사탄의 일과 성령의 일이 얼마나 다른지 알 수 있다. 공회원들의 위협에도 불구하고 베드로는 입을 열어 예수를 증거하라고 명령하는 성령의 강한 충동에 사로잡혀 있다. 우리 역시 성령을 모시고 있다. 따라서 베드로가 느낀 동일한 충동이 자주 일어나야 한다. 당신은 이러한 명령에 얼마나 순종하고 있는가? 자신의 경험을 이야기해 보라.

9 재판 석에 서서 대답하는 베드로와 요한의 모습을 통해 우리는 예수님이 얼마나 신실한 분이신지를 보게 된다. 왜냐하면 그가 세상에 계실 동안 제자들에게 약속하신 것을 지키고 계시기 때문이다. 다음의 성구를 가지고 이 사실을 확인해 보라.

- 마태복음 10:18-20/
- 사도행전 4:8/
- 사도행전 4:13/

삶의 열매를 거두며

오늘 말씀에서 우리는 세상 권세가 아무리 무섭다 할지라도 복음을 전하는 증인들의 입을 막을 수 없으며, 사탄의 위협이 아무리 크다 해도 성령의 능력을 이길 수 없다는 사실을 배웠다. 우리는 모두 성령의 능력을 소유한 예수의 증인들이다. 사탄과 세상의 권세를 두려워하지 말자. 그리고 예수 그리스도의 이름을 열심히 전하자. 이번 한 주간 각자 전도할 대상을 정하라. 그리고 어떻게 전도할지에 대해 함께 이야기를 나눈 후, 그들의 구원을 위해 기도하도록 하자.

Lesson 09

핍박으로 은혜가 넘치다

사도행전 4:23-37

23 사도들이 놓이매 그 동료에게 가서 제사장들과 장로들의 말을 다 알리니 24 그들
이 듣고 한마음으로 하나님께 소리를 높여 이르되 대주재여 천지와 바다와 그 가운
데 만물을 지은 이시요 25 또 주의 종 우리 조상 다윗의 입을 통하여 성령으로 말씀
하시기를 어찌하여 열방이 분노하며 족속들이 허사를 경영하였는고 26 세상의 군왕
들이 나서며 관리들이 함께 모여 주와 그의 그리스도를 대적하도다 하신 이로소이
다 27 과연 헤롯과 본디오 빌라도는 이방인과 이스라엘 백성과 합세하여 하나님께서
기름 부으신 거룩한 종 예수를 거슬러 28 하나님의 권능과 뜻대로 이루려고 예정하
신 그것을 행하려고 이 성에 모였나이다 29 주여 이제도 그들의 위협함을 굽어보시
옵고 또 종들로 하여금 담대히 하나님의 말씀을 전하게 하여 주시오며 30 손을 내밀
어 병을 낫게 하시옵고 표적과 기사가 거룩한 종 예수의 이름으로 이루어지게 하옵
소서 하더라 31 빌기를 다하매 모인 곳이 진동하더니 무리가 다 성령이 충만하여 담
대히 하나님의 말씀을 전하니라 32 믿는 무리가 한마음과 한 뜻이 되어 모든 물건을
서로 통용하고 자기 재물을 조금이라도 자기 것이라 하는 이가 하나도 없더라 33 사
도들이 큰 권능으로 주 예수의 부활을 증언하니 무리가 큰 은혜를 받아 34 그 중에
가난한 사람이 없으니 이는 밭과 집 있는 자는 팔아 그 판 것의 값을 가져다가 35 사
도들의 발 앞에 두매 그들이 각 사람의 필요를 따라 나누어 줌이라 36 구브로에서 난

레위족 사람이 있으니 이름은 요셉이라 사도들이 일컬어 바나바라(번역하면 위로의
아들이라) 하니 37 그가 밭이 있으매 팔아 그 값을 가지고 사도들의 발 앞에 두니라

마음의 문을 열며

풀려난 두 사도는 즉시 기도하는 동료들이 모여 있는 다락방으로 갔다. 그리고 그 동안 일어났던 일들을 자세히 보고했다. 사도들이 당한 핍박과 승리의 이야기는 예루살렘 교회가 다시 한 번 큰 능력과 은혜를 입는 또 하나의 전기가 되었다. 핍박이 교회의 부흥을 막지 못하고 오히려 부채질을 한 셈이다. 백합화를 보라. 그 꽃에 묻어 있는 향기는 고요한 정적보다는 바람이 불어 이리저리 흔들릴 때 더 멀리 날아간다. 핍박의 바람이 심하게 불수록 예수의 향기는 더 멀리 퍼져간다. 그러므로 우리는 핍박당하는 것을 피하거나 두려워해서는 안 된다. 오늘 본문을 통해 예루살렘 성도들이 핍박과 위협 속에서 어떤 자세를 견지하였으며 동시에 그들이 어떤 은혜를 받았는지 살펴보도록 하자.

말씀의 씨를 뿌리며

1 두 사도의 석방은 교회가 세상 권세와 싸워 이겼다는 것을 의미하는 것이었다. 두 사도가 석방되자 즉시 한 일은 무엇인가? 그리고 예루살렘 교회 지도자들은 어떤 반응을 보였는가?(23-24절)

2 승리의 소식은 어디서나 듣는 자들에게 새 힘을 불어넣는다. 오늘날 교회가 힘을 잃고 나약해지는 이유는 핍박, 싸움, 승리로 이어지는 영적 드라마가 너무도 없기 때문일지 모른다. 역사적으로 보아도 세상과 치열한 싸움이 계속되는 시대에는 교회가 살아 있었다. 전열을 가다듬는 기도가 있었고 승리의 환호성과 찬양이 있었다. 그러나 태평성대를 누리는 시대에는 교회가 그렇지를 못했다. 이 점에 대해 각자의 생각을 나눠보자.

3 24-30절은 성경에 기록된 초대교회의 첫 기도라는 점에서 매우 중요한 의미를 갖는다. 그들이 드린 기도의 가장 두드러진 특징은 자신들이 당한 핍박을 바라보는 시각이었다. 그들은 핍박을 어떻게 바라보았는지 말해 보라(25-28절).

4 그들이 간구한 내용은 무엇이며, 왜 이런 기도를 했다고 생각하는가?(29-30절)

5 초대교회 성도들은 압제와 핍박을 가하는 자들로부터 하루 빨리 벗어나게 해달라는 소극적인 기도를 드리지 않았다. 얼마나 놀랍고 의미심장한 일인가! 그들은 복음을 증거하기 위해 받는 고난을 피하기보다는 이기기를 원했던 것이다. 이것을 우리의 기도와 비교해 보라. 왜 우리는 이런 기도를 못하는 것일까?(참고 / 롬 8:17-18; 벧전 4:13, 16)

6 그들의 기도는 주님의 마음에 꼭 드는 것이었다. 무엇을 보아 알 수 있는가?(31절)

7 예루살렘 성도들은 전도에만 관심을 가진 것이 아니었다. 큰 권능으로 예수님의 부활을 증거하면 할수록, 믿고 돌아오는 형제들과 사랑의 공동체를 세워나가는 것도 소홀히 하지 않았다. 다시 말해, 교회 안에서 도움이 필요한 자들에게 사랑을 나누는 데 인색하지 않았다. 그 내용을 정리해 보라(32-35절).

8 성경은 자기 재산을 가지고 구제에 힘쓴 수많은 성도들 가운데 특별히 바나바에 대해 언급하고 있다. 이것은 앞으로 그가 감당하게 될 역할 때문일 것이다. 그는 무엇을 하였는가?(36-37절)

9 초대교회 성도들이 가난한 자를 위해 자기 것을 내어놓는 모습은 참 아름답다. 하지만 특별한 요구가 있고 주님께서 특별히 순종하도록 요구하실 때가 아니면, 반드시 이렇게 구제해야만 하는 것은 아니다. 다음의 본문을 찾아 성경이 교훈하는 구제의 원리를 정리해 보라.

- 요한일서 3:18/

o 고린도후서 8:2-3/

o 고린도후서 9:7/

삶의 열매를 거두며

33절을 다시 한 번 보라. '큰 권능', '큰 은혜' 라는 말이 나온다. 당시 핍박 가운데 그들이 누렸던 영적 축복을 요약한 것이라고 할 수 있다. 우리 역시 복음을 증거하기 위해 큰 권능이, 이웃사랑을 실천하기 위해 큰 은혜가 필요한 사람들이다. 그들은 합심하여 찬송하고 기도하여 이 큰 선물을 얻을 수 있었다. 우리에게도 구하면 주실 것이다. 지금 합심해서 간절히 구하는 시간을 갖도록 하자.

Lesson 10

교회의 순수성을 지키시다

사도행전 5:1-11

1 아나니아라 하는 사람이 그의 아내 삽비라와 더불어 소유를 팔아 2 그 값에서 얼마
를 감추매 그 아내도 알더라 얼마만 가져다가 사도들의 발 앞에 두니 3 베드로가 이
르되 아나니아야 어찌하여 사탄이 네 마음에 가득하여 네가 성령을 속이고 땅 값 얼
마를 감추었느냐 4 땅이 그대로 있을 때에는 네 땅이 아니며 판 후에도 네 마음대로
할 수가 없더냐 어찌하여 이 일을 네 마음에 두었느냐 사람에게 거짓말한 것이 아니
요 하나님께로다 5 아나니아가 이 말을 듣고 엎드러져 혼이 떠나니 이 일을 듣는 사
람이 다 크게 두려워하더라 6 젊은 사람들이 일어나 시신을 싸서 메고 나가 장사하
니라 7 세 시간쯤 지나 그의 아내가 그 일어난 일을 알지 못하고 들어오니 8 베드로
가 이르되 그 땅 판 값이 이것뿐이냐 내게 말하라 하니 이르되 예 이것뿐이라 하더라
9 베드로가 이르되 너희가 어찌 함께 꾀하여 주의 영을 시험하려 하느냐 보라 네 남
편을 장사하고 오는 사람들의 발이 문 앞에 이르렀으니 또 너를 메어 내가리라 하니
10 곧 그가 베드로의 발 앞에 엎드러져 혼이 떠나는지라 젊은 사람들이 들어와 죽은
것을 보고 메어다가 그의 남편 곁에 장사하니 11 온 교회와 이 일을 듣는 사람들이
다 크게 두려워하니라

마음의 문을 열며

세상 권력의 힘으로 예수의 부활을 전하는 제자들의 입을 막고자 하다가 실패한 사탄은 작전을 바꾸어, 예수 믿은 지 얼마 안 되는 어린 신자들의 마음을 충동질하여 교회를 무너뜨리려 했다. 이 시간 우리는 이 시험에 빠진 비극의 주인공에 대해 배우고자 한다. 하루아침에 부부가 목숨을 잃었으니 얼마나 가슴 아픈 일인가? 만일 그들에게 자녀들이 있다면 갑자기 고아가 되어버린 그들의 모습이 얼마나 참담하였겠는가? 왜 하나님께서는 이 부부를 그토록 무섭게 심판하신 것일까? 그렇게까지 하지 않을 수 없었던 이유는 무엇인가? 우리가 깨닫고 교훈으로 삼아야 할 진리가 우리 앞에 기다리고 있다. 마음을 낮추고 성령께서 가르쳐 주시기를 기다려야 할 것이다.

말씀의 씨를 뿌리며

1 아나니아는 아내와 함께 무엇을 하였는가? 그리고 그 동기는 어디에 있었다고 생각하는가?(1-2절, 참고 / 4:36-37)

2 아나니아의 헌금을 받고 베드로는 어떤 반응을 보였는가?(3-4절)

3 초대교회 공동체가 갖는 특징 중 하나는 자발적으로 자신의 재산을 교회에 드렸다는 점이다. 소유를 판 값 전부를 드리든지 아니면 일부만 드리든지 전적으로 본인의 자유의사에 달려 있었다. 아나니아의 경우 차라리 가만히 있는 것이 나았을 것이다. 헌금을 드린 것이 오히려 화를 불러일으킨 어리석은 일이 되었기 때문이다. 인간적인 계산을 앞세우거나 교회 앞에 자랑하기 위해, 혹은 작정한 것을 깎아서 드리거나 정성을 다하지 않고 형식적으로 드리는 등 우리에게도 아나니아에게서 찾을 수 있는 잘못된 헌금의 요소가 없는지 살펴보자.

4 세 시간 후 아무것도 모르고 교회에 나온 삽비라에게 무슨 일이 일어났는가?(8-10절)

5 아나니아에게는 하나님이 회개할 기회를 전혀 주지 않으시고 징계하셨다. 우리는 그 이유가 어디에 있는지 잘 알지 못한다. 하지만 삽비라에게는 회개할 수 있는 기회를 주셨다. 어떤 면에서 그런가?(8절)

6 아나니아와 삽비라의 이야기는 여호수아 7장에 나오는 아간의 이야기와 흡사한 데가 있다. 아간은 하나님께 바쳐진 물건의 얼마를 도적질하여 감추었고, 그의 행동은 자신만의 죄가 아니라 이스라엘 전체의 죄가 되었다. 그 결과 자신은 물론 가족 전체가 망하였다. 아간이 하나님의 것을 '가졌다' 는 단어와 아나니아가 얼마를 '감추었다' 는 단어는 같은 말로, '떼어 먹었다' 는 의미를 갖는다. 우리에게는 '하나님의 것을 떼어 먹은' 가책은 없는지 솔직하게 말해 보라(12절, 참고 / 수 7:1-2, 24-26; 말 3:8-9).

7 아나니아와 삽비라의 사건에는 초대교회의 순수성을 보존하려는 하나님의 강한 의지가 담겨 있다. 아래의 글을 읽고 각자의 생각을 나눠보자.

일반적으로 교회 밖에서 오는 시험은 오히려 교회를 하나 되게 하고 더 강하게 만든다. 그러나 교회 안에서 일어나는 시험은 교인들로 하여금 범죄하게 만들고 교회를 분열시키고 나중에는 아무 일도 할 수 없는 무기력한 집단으로 바꾸어 놓는다. 만일 아나니아 부부가 징계를 당하지 않았다면 제2, 3의 아나니아가 수없이 나왔을 것이다. 재물욕을 충동질하면 그 시험에 걸려들지 않을 사람이 몇이나 되겠는가? 결국 예루살렘 교회는 예수의 복음을 증거할 능력을 빼앗겨 버리고 마귀의 놀이터가 되었을 것이 틀림없다. 이렇게 되면 성령이 임하시고 처음 등장한 예루살렘 교회가 사탄 앞에 무릎 꿇는 것과 다름없다. 따라서 이 사건은 개인에 대한 어떤 심판이라기보다는 교회를 시험하는 사탄의 역사에 대한 하나님의 단호한 심판이라고 볼 수 있다. 그리고 이것이 하나님께서 왜 그토록 무섭게 아나니아 부부를 다루셨는가에 대한 대답이라고 할 수 있다. 여기서 한 가지 꼭 마음에 담아 두어야 할 것이 있다. 성령은 그때나 지금이나 대단히 민감하시다는 사실이다. 우리가 예수를 믿고 나서 범하기 쉬운 죄 중 하나가 성령의 뜻을 자주 소멸하는 것이다. 성령이 나에게 지금 말씀하시는 것을 깨닫는 즉시 순종해야 한다. 이런저런 핑계로 자꾸 미루어서는 안 된다.

8 아나니아 부부가 죽어 장사되는 것을 본 성도들은 어떤 반응을 보였는가?(5, 11절)

9 종종 하나님은 악한 자를 본보기로 심판해서 나머지 사람들에게 두려움을 주신다. 왜냐하면 두려움이 있어야 죄를 예방할 수 있고 하나님 앞에서 더 겸손히 행할 수 있기 때문이다. 그러므로 이러한 두려움은 언제나 우리에게 있어야 하는 두려움이다. 그러나 오늘날 하나님은 신구약 시대처럼 실물 경고를 잘 하지 않으신다. 고린도전서 10장 5-12절을 읽고 그 이유를 생각해 보라.

삶의 열매를 거두며

당신은 성경에 기록된 불행한 사람들, 다시 말해서 우리를 위해 악역을 하다 망한 자들의 이야기를 읽을 때 두려운 마음이 드는가? 그리고 이 두려움 때문에 죄의 유혹에 빠지지 않았던 경험이 있는가? 이야기해도 좋은 내용이라면 이 시간 함께 나누어 보자.

Lesson 11

교회에 대 부흥이 일어나다

사도행전 5:12-42

12 사도들의 손을 통하여 민간에 표적과 기사가 많이 일어나매 믿는 사람이 다 마음
을 같이하여 솔로몬 행각에 모이고 13 그 나머지는 감히 그들과 상종하는 사람이 없
으나 백성이 칭송하더라 14 믿고 주께로 나아오는 자가 더 많으니 남녀의 큰 무리더
라 15 심지어 병든 사람을 메고 거리에 나가 침대와 요 위에 누이고 베드로가 지날
때에 혹 그의 그림자라도 누구에게 덮일까 바라고 16 예루살렘 부근의 수많은 사람
들도 모여 병든 사람과 더러운 귀신에게 괴로움 받는 사람을 데리고 와서 다 나음을
얻으니라 17 대제사장과 그와 함께 있는 사람 즉 사두개인의 당파가 다 마음에 시기
가 가득하여 일어나서 18 사도들을 잡아다가 옥에 가두었더니 19 주의 사자가 밤에
옥문을 열고 끌어내어 이르되 20 가서 성전에 서서 이 생명의 말씀을 다 백성에게 말
하라 하매 21 그들이 듣고 새벽에 성전에 들어가서 가르치더니 대제사장과 그와 함
께 있는 사람들이 와서 공회와 이스라엘 족속의 원로들을 다 모으고 사람을 옥에 보
내어 사도들을 잡아오라 하니 22 부하들이 가서 옥에서 사도들을 보지 못하고 돌아
와 23 이르되 우리가 보니 옥은 든든하게 잠기고 지키는 사람들이 문에 서 있으되 문
을 열고 본즉 그 안에는 한 사람도 없더이다 하니 24 성전 맡은 자와 제사장들이 이
말을 듣고 의혹하여 이 일이 어찌 될까 하더니 25 사람이 와서 알리되 보소서 옥에
가두었던 사람들이 성전에 서서 백성을 가르치더이다 하니 26 성전 맡은 자가 부하

들과 같이 가서 그들을 잡아왔으나 강제로 못함은 백성들이 돌로 칠까 두려워함이
더라 27 그들을 끌어다가 공회 앞에 세우니 대제사장이 물어 28 이르되 우리가 이 이
름으로 사람을 가르치지 말라고 엄금하였으되 너희가 너희 가르침을 예루살렘에 가
득하게 하니 이 사람의 피를 우리에게로 돌리고자 함이로다 29 베드로와 사도들이
대답하여 이르되 사람보다 하나님께 순종하는 것이 마땅하니라 30 너희가 나무에 달
아 죽인 예수를 우리 조상의 하나님이 살리시고 31 이스라엘에게 회개함과 죄 사함
을 주시려고 그를 오른손으로 높이사 임금과 구주로 삼으셨느니라 32 우리는 이 일
에 증인이요 하나님이 자기에게 순종하는 사람들에게 주신 성령도 그러하니라 하더
라 33 그들이 듣고 크게 노하여 사도들을 없이하고자 할새 34 바리새인 가말리엘은
율법교사로 모든 백성에게 존경을 받는 자라 공회 중에 일어나 명하여 사도들을 잠
깐 밖에 나가게 하고 35 말하되 이스라엘 사람들아 너희가 이 사람들에게 대하여 어
떻게 하려는지 조심하라 36 이 전에 드다가 일어나 스스로 선전하매 사람이 약 사백
명이나 따르더니 그가 죽임을 당하매 따르던 모든 사람들이 흩어져 없어졌고 37 그
후 호적할 때에 갈릴리의 유다가 일어나 백성을 꾀어 따르게 하다가 그도 망한즉 따
르던 모든 사람들이 흩어졌느니라 38 이제 내가 너희에게 말하노니 이 사람들을 상
관하지 말고 버려 두라 이 사상과 이 소행이 사람으로부터 났으면 무너질 것이요 39
만일 하나님께로부터 났으면 너희가 그들을 무너뜨릴 수 없겠고 도리어 하나님을
대적하는 자가 될까 하노라 하니 40 그들이 옳게 여겨 사도들을 불러들여 채찍질하
며 예수의 이름으로 말하는 것을 금하고 놓으니 41 사도들은 그 이름을 위하여 능욕
받는 일에 합당한 자로 여기심을 기뻐하면서 공회 앞을 떠나니라 42 그들이 날마다
성전에 있든지 집에 있든지 예수는 그리스도라고 가르치기와 전도하기를 그치지 아
니하니라

마음의 문을 열며

아나니아와 삽비라의 비극적인 사건으로 교회의 분위기가 잠시 어둡고 침울해지는 듯 보였지만, 곧 제 모습을 되찾는 것을 발견할 수 있다. 사도들의 손을 통해 놀라운 표적과 기사들이 일어나고 큰 무리가 예수님 앞으로 돌아오는 부흥이 계속되었다. 여기에 뒤질세라 사탄의 세력 역시 만만치 않았는데, 사도들을 또다시 감옥에 집어넣었다. 그러나 하나님은 천사를 보내어 그들을 극적으로 석방시키셨다. 얼마나 숨가쁜 영적 전투의 연속인가? 이를 통해 우리는 지상교회가 감당해야 할 끊임없는 영적 전투의 현장을 생생하게 볼 수 있다. 어떤 시련과 박해를 통해서도 증거 되는 복음과 그 능력! 오늘 우리에게도 이 능력이 있는지 확인하면서, 믿음의 사기를 다시 한 번 드높이도록 하자.

말씀의 씨를 뿌리며

1 베드로가 교회 안으로 가만히 스며든 죄를 과감히 처리하고 사탄의 공격을 차단하는데 성공하자 큰 은혜가 뒤따른 것을 볼 수 있다. 그 은혜가 무엇인지 두 가지만 찾아보라(12, 14절).

2 일반적으로 사람들은 교회가 죄를 노골적으로 책망하면 부흥하기 어렵다고 말한다. 교인이 잘못해도 덮어주거나 부드럽게 다루어야지 베드로처럼 직선적으로 책망하면 아무도 교회에 나오려 하지 않을 것이라고 생각하기 때문이다. 그래서 오늘날 교회의 지도자들은 교인들이 떠날까 두려워 잘못을 보고도 말하지 못하는 경향이 많다. 하지만 오늘 본문은 교회가 죄를 용납하지 않을 때 능력이 있고 부흥이 일어난다는 진리를 보여 준다. 그러므로 어떤 희생을 치르고라도 과감하게 죄를 막아야 한다. 당신에게는 교회의 부흥을 방해하는 죄를 용납하는 어두운 구석이 없는지 생각해 보자.

3 사도들의 손을 통해 나타난 표적과 기사는 대단한 것이었다. 어느 정도였는지 15-16절을 가지고 말해 보라.

4 병 고치는 능력이 있는 사람의 옷이나 물건이 병자를 고치는 것처럼 보이는 사례는 결코 흔한 것이 아니다. 사도 베드로나 바울 같은 사도도 각각 한 번 정도씩 체험한 독특한 사건이었다. 그럼에도 불구하고 오늘날 자신에게 이러한 능력이 있는 것처럼 떠벌리는 자들이 있다. 왜 우리가 이러한 말에 귀를 기울이지 말아야 하는가?(참고 / 마 9:21, 14:36; 행 19:12)

5 대제사장 일당은 사도들을 다시 투옥시켰다. 그러나 주님은 사도들을 어떻게 하셨는가? 그리고 그 이유는 무엇이었나?(17-20절)

6 성령 충만한 사도들과 예루살렘 교회 성도들이 짧은 기간 동안 얼마나 성공적으로 복음을 전하였는지 원수들이 자신의 입으로 그 사실을 입증하고 있다. 그들은 무엇이라고 말했는가?(28절)

7 사도들이 전한 복음과 그들이 취한 태도는 시종일관 변함이 없었다. 또한 자신들이 누구인지, 그리고 성령에 대해 담대히 증거하고 있다. 다음의 성구를 가지고 그 내용이 무엇인지 찾아보라.

- 그들이 전한 복음(30-31절, 2:36)

- 그들이 취한 태도(29절, 4:19)

- 그들의 정체성과 성령(32절, 참고 / 행 1:8)

8 사도들의 모습에 비추어 자신의 모습을 돌아보면서, 다음의 질문에 각자 답해 보라.

- 당신도 사도들처럼 자신을 증인이라고 생각하는가?

- 당신도 사도들처럼 복음을 전하라는 하나님의 명령에 순종하는가?

- 당신도 사도들처럼 성령을 증거의 영으로 모시고 있는가?

9 바리새인 가말리엘은 기독교가 참 진리인지 아닌지를 판가름할 수 있는 대단히 중요한 원칙 하나를 내놓았다. 그것은 무엇인가? 그리고 이 원칙에 입각해서 지난 2천 년 동안의 기독교 역사를 돌이켜 볼 때 우리가 자신 있게 말할 수 있는 사실은 무엇인가?(38-39절)

삶의 열매를 거두며

41절과 42절을 묵상해 보라. 매를 맞으면서 기뻐하는 그들, 누가 뭐라고 해도 복음 전하기를 쉬지 않는 그들을 통해 각자 깨닫고 느끼는 바가 무엇인가를 이야기해 보라.

Lesson 12

탁월한 지도력으로 문제에 대처하다

사도행전 6:1-7

1 그때에 제자가 더 많아졌는데 헬라파 유대인들이 자기의 과부들이 매일의 구제에
빠지므로 히브리파 사람을 원망하니 2 열두 사도가 모든 제자를 불러 이르되 우리가
하나님의 말씀을 제쳐 놓고 접대를 일삼는 것이 마땅하지 아니하니 3 형제들아 너희
가운데서 성령과 지혜가 충만하여 칭찬 받는 사람 일곱을 택하라 우리가 이 일을 그
들에게 맡기고 4 우리는 오로지 기도하는 일과 말씀 사역에 힘쓰리라 하니 5 온 무리
가 이 말을 기뻐하여 믿음과 성령이 충만한 사람 스데반과 또 빌립과 브로고로와 니
가노르와 디몬과 바메나와 유대교에 입교했던 안디옥 사람 니골라를 택하여 6 사도
들 앞에 세우니 사도들이 기도하고 그들에게 안수하니라 7 하나님의 말씀이 점점 왕
성하여 예루살렘에 있는 제자의 수가 더 심히 많아지고 허다한 제사장의 무리도 이
도에 복종하니라

마음의 문을 열며

예루살렘 교회는 계속되는 환란 중에서도 성장을 멈추지 않았다. 그토록 짧은 기간에 그토록 엄청난 부흥을 경험한 사례는 다시 찾기 어려울 것이다. 그러나 급성장이 반드시 좋은 현상만은 아니다. 마치 시멘트가 굳기 전에 담을 계속 쌓아 올리는 것과 같은 위험을 안고 있다. 조직의 정비나 행정상의 능력이 갖추어지지 않은 채 그 수만 증가한다면, 오히려 크고 작은 잡음들만 일으킬 수 있다. 예루살렘 교회도 예외가 아니었다. 그들이 겪은 어려움은 무엇이며, 사도들은 이를 어떻게 대처했는지 살피면서 우리에게 주시는 성령의 음성을 듣도록 하자.

말씀의 씨를 뿌리며

1 두 번째 석방 이후에도 사도들은 가르치기와 전도하기를 쉬지 않았다. 그 결과 나타난 열매는 무엇이었나?(1절 상)

2 아래의 글은 당시 예루살렘 교회가 갖고 있던 긴장과 갈등에 대해 설명한 것이다. 이러한 긴장과 갈등이 가져온 사건은 무엇이었나?(1절 하)

당시 예루살렘 교회는 두 부류의 유대인들이 주를 이루고 있었다. 이른바 히브리파 유대인과 헬라파 유대인이 바로 그것이다. 둘 다 아브라함의 혈통을 타고 난 사람들이지만 그들이 자란 환경은 판이하게 달랐다. 히브리파는 예루살렘을 중심으로 살아온 본토박이 유대인이었다. 그들은 아람어를 쓰고 동시에 히브리어도 잊지 않고 있었다. 그 대신 헬라파는 소아시아와 유럽 등지로 이민을 나가 여러 대를 이방 문화권에서 살았던 교포 유대인이었다. 그들은 헬라어를 사용하고 있었다. 물론 히브리어는 잘 알지 못했다. 그들은 오순절을 지키기 위해 예루살렘에 왔다가 사도들의 전도를 받고 예수를 믿게 된 자들이었다. 그리고 고향으로 돌아가지 않고 얼마 동안 눌러 앉아 있었다. 그런데 불행하게도 본토박이 유대인들이 눈에 띄게 교포 유대인을 깔보는 경향이 많았다. 이방 문물에 오염되어 순수하지 못하다는 것이 그 이유였다. 자연히 두 집단 사이에는 눈에 보이지 않는 갈등과 긴장이 쌓여가고 있었던 것이다.

3 문제가 터지자 교회 지도자인 사도들은 어떤 반응을 보였는가?(2-4절)

4 우리는 사도들이 문제를 다루는 자세와 처리 방법을 보면서 많은 교훈과 지혜를 배우게 된다. 사도들이 보여 준 지도자로서의 훌륭한 인격은 무엇이라고 생각하는가? 동시에 사도들이 문제를 처리하는 과정과 방법에서 우리가 배워야 할 좋은 점은 무엇인가?

5 당시 12사도들의 권위는 하나님처럼 보일 만큼 절대적인 것이었다. 특히 베드로의 말 한마디에 아나니아와 삽비라 부부가 화를 당하는 것을 본 후에는 사도의 말 한마디에 떨지 않는 자가 없었을 것이다. 그러므로 사도들이 구제를 하다가 실수를 했더라도 모른 척 하거나 한두 마디의 변명으로 덮을 수 있었다. 그럼에도 불구하고 사도들은 그러지 않았다. 오히려 모든 문제에 대해 '내 탓이오' 라는 태도를 가졌다. 오늘날 교회 안에서 교역자건 평신도 지도자건 간에 이러한 태도를 갖는 것이 얼마

나 절실한가? 당신에게도 '내 탓이오' 라고 시인하는 덕이 있다고 생각하는가?

6 4절의 내용을 쉽게 풀이하고 그 의미를 말해 보자.

7 어느 교회든지 지도자가 4절의 원칙에 따라 목회하지 않으면 양떼들이 큰 어려움을 당하게 된다. 구제하는 일이 얼마나 귀하고 선한 일인가? 그러나 교역자는 그 일에 빠지면 안 된다. 조직, 행정, 각종 회의, 노회, 총회 일도 마찬가지다. 교역자가 말씀과 기도를 최우선에 두고 임하는 것이 왜 중요한지 각자의 생각을 말해 보라. 그리고 기도와 말씀에 전념할 수 있도록 당신은 어떻게 도울 수 있는지 말해 보라.

8 초대교회가 교회 내적 문제를 해결하기 위해 일곱 집사를 선출하는 과정은 현대 교회가 일꾼을 세울 때 따라야 할 근본적인 원칙을 보여 준

다. 초대교회가 제시한 집사의 자격과 책임은 무엇인가? 이와 비교하여 요즘 교회에서 직분을 줄 때 문제가 되는 것은 무엇이라고 생각되는가?(3절)

9 사도들이 겸손하고 지혜롭게 문제를 처리하자 놀라운 은혜가 임했다. 사도들이 다시 말씀과 기도에 전념하기 시작하자 어떤 일이 일어났는가? 특히 '점점', '더, '심히', '허다한' 등의 용어 사용에 주목하면서 찾아보자(7절).

삶의 열매를 거두며

오늘 본문은 진정한 말씀의 능력과 부흥이 어디서부터 오는 것인지를 잘 보여 준다. 진정한 말씀의 능력과 부흥을 누리기 위해 우리는 무엇을 해야 하는지 다음의 두 가지 측면에서 정리하면서 이 시간을 마무리하자.

- 지도자의 입장에서/
- 교회의 입장에서/

Lesson 13

은혜와 권능이 충만한 스데반

사도행전 6:8-15

8 스데반이 은혜와 권능이 충만하여 큰 기사와 표적을 민간에 행하니 9 이른 바 자유
민들 즉 구레네인, 알렉산드리아인, 길리기아와 아시아에서 온 사람들의 회당에서
어떤 자들이 일어나 스데반과 더불어 논쟁할새 10 스데반이 지혜와 성령으로 말함을
그들이 능히 당하지 못하여 11 사람들을 매수하여 말하게 하되 이 사람이 모세와 하
나님을 모독하는 말을 하는 것을 우리가 들었노라 하게 하고 12 백성과 장로와 서기
관들을 충동시켜 와서 잡아가지고 공회에 이르러 13 거짓 증인들을 세우니 이르되
이 사람이 이 거룩한 곳과 율법을 거슬러 말하기를 마지 아니하는도다 14 그의 말에
이 나사렛 예수가 이 곳을 헐고 또 모세가 우리에게 전하여 준 규례를 고치겠다 함을
우리가 들었노라 하거늘 15 공회 중에 앉은 사람들이 다 스데반을 주목하여 보니 그
얼굴이 천사의 얼굴과 같더라

마음의 문을 열며

우리가 초대교회의 집사를 생각하면 가장 먼저 떠오르는 인물이 스데반이다. 스데반을 모르는 사람은 없을 것이다. 그의 위대한 믿음과 장엄한 최후는 우리에게 큰 감동을 준다. 그는 교회 재정을 책임진 집사로서만 아니라, 성령 충만한 평신도의 모범이자 세계 복음화의 꿈을 가슴에 안고 자신을 송두리째 불살라 내던진 증인의 표본이었다. 그는 자신과 같은 처지에 있는 헬라파 유대인들을 상대로 복음을 전하고 가르치는 일을 주로 하였다. 그러나 그의 사역은 처음부터 매우 어렵고 위험한 길로 가고 있었다. 결국 그가 일할 수 있었던 기간은 길지 못했다. 혜성처럼 나타났다가 사라지고 만 것이다. 그렇지만 그는 지금도 살아 있어 우리를 부끄럽게 하며 흥분하게 하고 결단하게 한다.

말씀의 씨를 뿌리며

1 헬라어로 '스타파노스' 인 '스데반' 이라는 이름은 '면류관', '왕관' 이라는 뜻이다. 그의 이름이 일곱 집사의 명단 중 맨 처음에 나오는 것으로 보아 아마 일곱 집사를 대표했을 것이다. 다음 구절들을 가지고 그의 사람 됨에 대해 어떻게 말하고 있는지 살펴보자.

- 3절/

- 5절/

- 8절/

- 7장 55절/

2 스데반의 사람 됨에 대해 한마디로 요약하면 '성령 충만' 이라고 할 수 있다. 당신의 됨됨이에 대해서도 이렇게 말할 수 있는가?

3 스데반이 찾아다니면서 복음을 증거한 곳은 헬라파 유대인들이 여기저기서 모이던 회당이었다. 당시 예루살렘과 유대 지역에는 이런 회당이 몇 개나 있었는지는 모르지만 손쉽게 모일 수 있는 일종의 집회 장소였

던 것 같다. 그곳에서 스데반은 주로 어떤 형식으로 복음을 증거했는가?(9절, 참고 / 행 17:17, 18:19)

4 스데반이 사용한 '변론'은 흔히 말하는 '논쟁'이 아니었다. 그것은 구약성경을 가지고 예수님이 메시아라는 사실을 증명하는 일종의 논증법이었다. 그가 어떤 내용을 가지고 변증하였는지에 대해서는 7장에서 자세히 배우게 될 것이다. 이 방법은 예수님께서 제자들을 훈련하실 때 사용하신 것이었고, 바울이 유대인들을 상대로 선교할 때 사용하던 것이었다. 이런 방법이 지금도 종종 필요할 때가 있다. 언제 이런 방식의 전도가 유효한가? 그리고 변론을 잘하기 위해 우리가 미리 갖추고 있어야 할 것은 무엇이라고 생각하는가?(참고 / 눅 24:25-27; 행 28:23)

5 스데반은 집사의 한 사람으로 구제라는 본연의 임무에 충실하였을 것이다. 따라서 만 명이 넘는 교회 재정을 담당하는 일만 해도 시간에 쫓겼을 것이다. 그럼에도 불구하고 그는 시간을 쪼개서 전도하는 일에 전력하였다. 이것은 전도가 사도나 교역자만의 전유물이 아니고 모든 그리스도인의 공통된 사명임을 행동으로 보여 주는 예라고 할 수 있다. 왜 전도가 우리 모두의 사명이라고 생각하는가? 혹시 당신은 전도를 남의 일로 여기며 자신을 합리화하지는 않는가?(참고 / 행 1:8, 6:5)

6 10절의 말씀을 묵상하라. 그리고 각자 깨닫는 바가 있으면 함께 나누도록 하자(참고 / 고전 2:1-5).

7 스데반을 모함한 내용을 보면 예수님을 법정에서 모함하던 것과 동일하다는 사실을 금방 알 수 있다. 사람들이 스데반을 모함한 내용은 무엇이며, 어떤 점에서 예수님이 받으신 모함과 비슷한가?(11-14절, 참고 / 마 26:60-61)

8 자기를 대적하는 자들 앞에서 스데반의 모습은 어떠했는가?(15절)

9 우리도 견디기 어려운 역경이나 생명이 위협받는 위기에 처할 때 스데반의 모습을 보여 줄 수 있을까? 그러기 위해 평소에 어떤 모습으로 신앙생활을 해야 한다고 생각하는가?

삶의 열매를 거두며

스데반의 삶에서 두드러진 특징은 '충만' 이었다. 성령과 지혜가 충만하였고(3, 10절), 믿음이 충만하였으며(5절), 능력이 충만하였다(8절). 성경에서 '충만하다' 는 것은 '지배를 받는다' 는 뜻이다. 그는 성령과 믿음과 지혜와 능력의 지배를 받았다. 그는 성령께 복종하여 하나님의 지배를 받는 사람이었고, 사람들을 그리스도께 인도하려고 애쓰는 사람이었다. 충만의 은혜는 스데반만의 독점물이 아니다. 우리 역시 충만해야 한다. 성령 충만을 위해 한 주간 동안 당신은 어떤 노력을 하고자 하는가?(참고 / 엡 5:10; 눅 11:13)

Lesson 14

스데반, 지혜와 성령으로 말하다(1)

사도행전 7:1-36

1 대제사장이 이르되 이것이 사실이냐 2 스데반이 이르되여러분 부형들이여 들으소
서 우리 조상 아브라함이 하란에 있기 전 메소보다미아에 있을 때에 영광의 하나님
이 그에게 보여 3 이르시되 네 고향과 친척을 떠나 내가 네게 보일 땅으로 가라 하시
니 4 아브라함이 갈대아 사람의 땅을 떠나 하란에 거하다가 그의 아버지가 죽으매
하나님이 그를 거기서 너희 지금 사는 이 땅으로 옮기셨느니라 5 그러나 여기서 발
붙일 만한 땅도 유업으로 주지 아니하시고 다만 이 땅을 아직 자식도 없는 그와 그의
후손에게 소유로 주신다고 약속하셨으며 6 하나님이 또 이같이 말씀하시되 그 후손
이 다른 땅에서 나그네가 되리니 그 땅 사람들이 종으로 삼아 사백 년 동안을 괴롭게
하리라 하시고 7 또 이르시되 종 삼는 나라를 내가 심판하리니 그 후에 그들이 나와
서 이 곳에서 나를 섬기리라 하시고 8 할례의 언약을 아브라함에게 주셨더니 그가
이삭을 낳아 여드레 만에 할례를 행하고 이삭이 야곱을, 야곱이 우리 열두 조상을 낳
으니라 9 여러 조상이 요셉을 시기하여 애굽에 팔았더니 하나님이 그와 함께 계셔
10 그 모든 환난에서 건져내사 애굽 왕 바로 앞에서 은총과 지혜를 주시매 바로가 그
를 애굽과 자기 온 집의 통치자로 세웠느니라 11 그때에 애굽과 가나안 온 땅에 흉년
이 들어 큰 환난이 있을새 우리 조상들이 양식이 없는지라 12 야곱이 애굽에 곡식 있
다는 말을 듣고 먼저 우리 조상들을 보내고 13 또 재차 보내매 요셉이 자기 형제들에

게 알려지게 되고 또 요셉의 친족이 바로에게 드러나게 되니라 14 요셉이 사람을 보
내어 그의 아버지 야곱과 온 친족 일흔다섯 사람을 청하였더니 15 야곱이 애굽으로
내려가 자기와 우리 조상들이 거기서 죽고 16 세겜으로 옮겨져 아브라함이 세겜 하
몰의 자손에게서 은으로 값 주고 산 무덤에 장사되니라 17 하나님이 아브라함에게
약속하신 때가 가까우매 이스라엘 백성이 애굽에서 번성하여 많아졌더니 18 요셉을
알지 못하는 새 임금이 애굽 왕위에 오르매 19 그가 우리 족속에게 교활한 방법을 써
서 조상들을 괴롭게 하여 그 어린 아이들을 내버려 살지 못하게 하려 할새 20 그때에
모세가 났는데 하나님 보시기에 아름다운지라 그의 아버지의 집에서 석 달 동안 길
리더니 21 버려진 후에 바로의 딸이 그를 데려다가 자기 아들로 기르매 22 모세가 애
굽 사람의 모든 지혜를 배워 그의 말과 하는 일들이 능하더라 23 나이가 사십이 되매
그 형제 이스라엘 자손을 돌볼 생각이 나더니 24 한 사람이 원통한 일 당함을 보고
보호하여 압제 받는 자를 위하여 원수를 갚아 애굽 사람을 쳐 죽이니라 25 그는 그의
형제들이 하나님께서 자기의 손을 통하여 구원해 주시는 것을 깨달으리라고 생각하
였으나 그들이 깨닫지 못하였더라 26 이튿날 이스라엘 사람끼리 싸울 때에 모세가
와서 화해시키려 하여 이르되 너희는 형제인데 어찌 서로 해치느냐 하니 27 그 동무
를 해치는 사람이 모세를 밀어뜨려 이르되 누가 너를 관리와 재판장으로 우리 위에
세웠느냐 28 네가 어제는 애굽 사람을 죽임과 같이 또 나를 죽이려느냐 하니
29 모세가 이 말 때문에 도주하여 미디안 땅에서 나그네 되어 거기서 아들 둘을 낳으
니라 30 사십 년이 차매 천사가 시내 산 광야 가시나무 떨기 불꽃 가운데서 그에게
보이거늘 31 모세가 그 광경을 보고 놀랍게 여겨 알아보려고 가까이 가니 주의 소리
가 있어 32 나는 네 조상의 하나님 즉 아브라함과 이삭과 야곱의 하나님이라 하신대
모세가 무서워 감히 바라보지 못하더라 33 주께서 이르시되 네 발의 신을 벗으라 네
가 서 있는 곳은 거룩한 땅이니라 34 내 백성이 애굽에서 괴로움 받음을 내가 확실히
보고 그 탄식하는 소리를 듣고 그들을 구원하려고 내려왔노니 이제 내가 너를 애굽
으로 보내리라 하시니라 35 그들의 말이 누가 너를 관리와 재판장으로 세웠느냐 하
며 거절하던 그 모세를 하나님은 가시나무 떨기 가운데서 보이던 천사의 손으로 관
리와 속량하는 자로서 보내셨으니 36 이 사람이 백성을 인도하여 나오게 하고 애굽
과 홍해와 광야에서 사십 년간 기사와 표적을 행하였느니라

마음의 문을 열며

스데반은 드디어 산헤드린 공의회에서 재판을 받게 되었다. 그의 죄목은 율법을 거스려 말하고 성전을 모독했다는 것이었다. 그가 자신을 변호할 기회를 얻게 되자 지금까지 여러 회당에서 유대인들을 상대로 자주 했던 변론을 시작하였다. 먼저 구약에 기록된 이스라엘 역사를 훑어 내려가며 어떻게 하나님이 그들을 선택하시고 은혜를 주시며 구원하셨는지를 지적한다. 그런 다음 하나님이 그들을 선대하신 목적이 무엇인지를 말하며, 동시에 그들이 얼마나 하나님의 뜻을 어기고 불순종하였는지를 서릿발 같은 어조로 나무란다. 그는 아브라함으로부터 시작하여 예수로 끝을 맺는다. 이 시간에는 그의 설교 중 전반부를 놓고 공부하면서 구약과 창세기와 출애굽기를 다시 정리하게 될 것이다.

말씀의 씨를 뿌리며

1 스데반은 아브라함이 고향을 떠나라는 하나님의 음성을 듣고 당장 행동에 옮기지 못하고 상당한 기간을 고향에서 보냈다는 사실을 우리에게 알려 준다. 창세기와 비교하여 이 사실을 확인해 보라(2-4절, 참고 / 창 11:31-12:1).

2 아브라함이 머뭇거린 이유는 무엇이라고 생각하는가?

3 아브라함이 하나님을 섬기고 복을 받으려면 먼저 고향을 떠나야만 했다. 그 이유 가운데 하나를 여호수아 24장 2-3절을 가지고 말해 보라.

4 하나님은 아브라함을 가나안으로 불러내셨지만 당장 그 땅을 기업으로 주시지 않으시고 약속, 연단, 허락이라는 세 단계의 과정을 거치게 하셨다. 어떤 면에서 이렇게 말할 수 있는가?(5-7절)

5 스데반은 아브라함에 이어 요셉의 일대기를 약술하고 있다. 그 내용 가운데서 가장 감동적인 것이 무엇인지 각자 이야기해 보자(9-15절).

6 하나님께서 하신 한마디의 약속이 얼마나 신뢰할 만한 것인지를 증명할 수 있는 말씀이 17절에 나온다. 창세기 15장 13-16절과 비교하면서 그 이유를 말해 보라. 이외에도 성경에서 하나님이 미리 약속하신 것들이 성취되는 것을 배운 적이 있다면 나눠 보라.

7 바로의 궁에 있을 동안 모세는 젊고 패기만만했다. 노예생활을 하고 있던 동족을 해방시켜야 한다는 책임감에서 늘 기회를 기다리고 있었다. 사람이 보기에 그는 지도자로서 완벽할 만큼 잘 갖추어져 있었다. 그러나 하나님의 백성인 이스라엘의 지도자가 되기 위해서는 중요한 한 가지가 빠져 있었다. 그것은 무엇인가?(25절, 참고 / 35절)

8 하나님의 일에는 반드시 사람이 먼저 준비되어야 하며, 하나님의 손에서 만들어져야 한다. 그러기 전에는 일을 시키지 않으신다. 한평생 주님이 아름답게 사용하는 그릇이 되기를 원하는가? 모세를 놓고 볼 때 당신이 서 있는 현주소는 어디라고 생각하는가? 바로의 궁인가? 광야인가? 아니면 홍해 앞인가?

9 아브라함, 요셉, 모세 세 사람은 하나님께서 인류의 구원자로 보내신 예수 그리스도와 닮은 점을 한두 가지씩 가지고 있는 메시아의 예표들이다. 어떤 점이 닮았는지 말해 보라.

삶의 열매를 거두며

이 시간 위대한 믿음의 조상들이 한결같이 겪은 연단에 대해 잠깐 생각해 보자. 그리고 하나님은 왜 연단이라는 방법을 사용하여 사람들을 준비시키시는지 그 이유에 대해 함께 나눠보자(참고 / 잠 17:3; 사 48:10-11; 단 12:10).

- 아브라함의 연단/

- 요셉의 연단/

- 모세의 연단/

- 연단의 이유/

Lesson 15

스데반, 지혜와 성령으로 말하다(2)

사도행전 7:37-53

37 이스라엘 자손에 대하여 하나님이 너희 형제 가운데서 나와 같은 선지자를 세우
리라 하던 자가 곧 이 모세라 38 시내 산에서 말하던 그 천사와 우리 조상들과 함께
광야 교회에 있었고 또 살아 있는 말씀을 받아 우리에게 주던 자가 이 사람이라
39 우리 조상들이 모세에게 복종하지 아니하고자 하여 거절하며 그 마음이 도리어
애굽으로 향하여 40 아론더러 이르되 우리를 인도할 신들을 우리를 위하여 만들라
애굽 땅에서 우리를 인도하던 이 모세는 어떻게 되었는지 알지 못하노라 하고 41 그
때에 그들이 송아지를 만들어 그 우상 앞에 제사하며 자기 손으로 만든 것을 기뻐하
더니 42 하나님이 외면하사 그들을 그 하늘의 군대 섬기는 일에 버려 두셨으니 이는
선지자의 책에 기록된 바 이스라엘의 집이여 너희가 광야에서 사십 년간 희생과 제
물을 내게 드린 일이 있었느냐 43 몰록의 장막과 신 레판의 별을 받들었음이여 이것
은 너희가 절하고자 하여 만든 형상이로다 내가 너희를 바벨론 밖으로 옮기리라 함
과 같으니라 44 광야에서 우리 조상들에게 증거의 장막이 있었으니 이것은 모세에게
말씀하신 이가 명하사 그가 본 그 양식대로 만들게 하신 것이라 45 우리 조상들이 그
것을 받아 하나님이 그들 앞에서 쫓아내신 이방인의 땅을 점령할 때에 여호수아와
함께 가지고 들어가서 다윗 때까지 이르니라 46 다윗이 하나님 앞에서 은혜를 받아
야곱의 집을 위하여 하나님의 처소를 준비하게 하여 달라고 하더니 47 솔로몬이 그

를 위하여 집을 지었느니라 48 그러나 지극히 높으신 이는 손으로 지은 곳에 계시지
아니하시나니 선지자가 말한 바 49 주께서 이르시되 하늘은 나의 보좌요 땅은 나의
발등상이니 너희가 나를 위하여 무슨 집을 짓겠으며 나의 안식할 처소가 어디냐
50 이 모든 것이 다 내 손으로 지은 것이 아니냐 함과 같으니라 51 목이 곧고 마음과
귀에 할례를 받지 못한 사람들아 너희도 너희 조상과 같이 항상 성령을 거스르는도
다 52 너희 조상들이 선지자들 중의 누구를 박해하지 아니하였느냐 의인이 오시리라
예고한 자들을 그들이 죽였고 이제 너희는 그 의인을 잡아 준 자요 살인한 자가 되나
니 53 너희는 천사가 전한 율법을 받고도 지키지 아니하였도다 하니라

마음의 문을 열며

스데반의 설교가 진행됨에 따라 그가 무엇을 겨냥하고 이야기를 끌고 가고 있는지가 점점 분명해지는 것을 볼 수 있다. 그 목소리는 뜨겁게 달아오르고 그의 논조는 듣는 이들의 가슴에 비수를 꽂듯이 날카로워지고 있다. 그러나 그는 자신을 변호하는 말은 한마디도 하지 않고 있다. 마치 자기는 어떻게 되어도 좋다는 식이다. 예수 그리스도만 바로 증거할 수 있다면 그것으로 만족한다는 충성된 자세가 그대로 엿보이고 있다. 그는 모세의 규례는 예수가 오심으로 바뀌어야 하고 성전은 허물어져야 한다고 주장한다. 이로 인해 자기에게 돌아올 것은 죽음밖에 없다는 사실을 알면서도 서슴지 않고 외치고 있다. 그는 재판 석에 선 죄인이 아니라 당대의 이스라엘 민족을 심판하시는 하나님의 대리인처럼 선포하고 있는 것이다.

말씀의 씨를 뿌리며

1 스데반은 모세에 대해 계속 이야기한다. 모세는 광야에서 이스라엘을 인도하면서 매우 중요한 사실 하나를 예언하였다. 그것은 무엇인가? 그리고 왜 모세는 이스라엘 민족으로 하여금 이 사실을 고대하게 했는가?(37절, 참고 / 행 3:22; 신 18:15; 히 3:3-6)

2 이스라엘은 구약시대의 교회였다. 그들이 광야에서 40여 년간 유리할 때도 하나님 백성들의 공동체인 교회였다. 그래서 38절에서는 '광야교회' 라고 부르고 있다. 모세는 광야교회의 지도자였으며, 그들을 위해 하나님의 말씀을 전하는 중보자의 자리에 있었다. 이 사실에 대해 38절은 어떻게 말씀하고 있는가? 이러한 모세를 이스라엘 백성은 어떻게 대우했는가?(39절)

3 그들은 모세만 배척한 것이 아니었다. 율법 자체까지 거부하였다. 41-43절을 가지고 이에 대해 설명하라(참고 / 53절).

4 이스라엘 사람들은 영적으로 크게 잘못되어 있었다. 세 가지 점으로 나누어 그들의 영적 문제를 진단해 보라(51절).

5 스데반을 대적하는 이스라엘 사람들은 그들의 조상보다 더 큰 죄를 지은 자들이다. 왜 그런가?(52절)

6 법정에 모인 사람들은 스데반이 모세와 율법을 모욕하였다는 죄목으로 그를 고소해서 재판에 회부하였다. 그러나 스데반은 진짜 재판을 받아야 할 당사자들은 자기가 아니라 그들이라는 것을 구체적인 사실을 들어 증거하고 있다. 사실 죄인이 의인을 재판하는 기막힌 모순은 세상 어디서나 얼마든지 볼 수 있는 현상이다. 우리도 형식적인 신앙생활에 빠

지면 이스라엘 사람들처럼 의인을 죄인으로 몰아붙이는 과오를 얼마든지 범할 수 있다.기독교 역사를 들춰보면 불신자들한테 희생된 성도들보다 교회를 다니는 종교 지도자들에게 희생당한 의로운 자들이 더 많다는 사실을 금방 발견할 수 있다. 자신은 그대로 살지 않으면서 교리나 교회의 관습과 법규를 가지고 다른 사람을 비판하고 정죄한 일은 없는지 각자 자신을 돌아보며 반성해 보자.

7 스데반은 자기가 고소당한 두 번째 죄목에 대해 변증하고 있다. 그것은 성전을 모독했다는 것이다. 우선 먼저 그는 성전이 어떻게 해서 건축되었는지를 간략하게 말하고 있다. 그 내용은 무엇인가?(44-47절)

8 48절의 '그러나' 는 매우 중요한 말이다. 왜냐하면 예수 그리스도가 오심으로 성전은 '그러나' 의 새로운 의미를 가지게 되었기 때문이다. 그 의미에 대해 말해 보라(48-50절, 참고 / 마 12:6; 요 4:21-24).

9 스데반의 설교는 가장 중요한 대목에 이르기 직전에 중단되고 말았다. 군중들이 듣다 못해 말을 막았기 때문이다. 사실 그가 생명을 걸고 전하려고 한 메시지는 백성들의 죄를 책망하고 정죄하는 것이 아니었다. 그것보다 더 중요한 것이 있었다. 만일 그가 말을 계속할 수 있었다면 무엇을 소리 높여 외쳤을 것이라고 생각하는가?(참고 / 행 2:32-36)

삶의 열매를 거두며

스데반의 용기와 담대함을 보면서 느끼는 바가 한두 가지가 아니다. 왜 우리는 담대히 예수 그리스도를 증거하지 못할까? 그 이유를 찾아보고 우리에게도 스데반의 담대함을 달라고 함께 기도하자(참고 / 행 4:29-31).

Lesson 16

순교의 피가 흐르다

사도행전 7:54-8:1a

54 그들이 이 말을 듣고 마음에 찔려 그를 향하여 이를 갈거늘 55 스데반이 성령 충만
하여 하늘을 우러러 주목하여 하나님의 영광과 및 예수께서 하나님 우편에 서신 것
을 보고 56 말하되 보라 하늘이 열리고 인자가 하나님 우편에 서신 것을 보노라 한대
57 그들이 큰 소리를 지르며 귀를 막고 일제히 그에게 달려들어 58 성 밖으로 내치고
돌로 칠새 증인들이 옷을 벗어 사울이라 하는 청년의 발 앞에 두니라 59 그들이 돌로
스데반을 치니 스데반이 부르짖어 이르되 주 예수여 내 영혼을 받으시옵소서 하고
60 무릎을 꿇고 크게 불러 이르되 주여 이 죄를 그들에게 돌리지 마옵소서 이 말을
하고 자니라 8:1 사울은 그가 죽임 당함을 마땅히 여기더라

마음의 문을 열며

기독교의 역사는 헤아릴 수 없이 많은 순교자들의 피로 얼룩져 있다. 예수 그리스도를 십자가에 못 박아 죽인 사탄의 무리들은 예수를 주로 고백하는 성도를 기회만 있으면 무참하게 죽였다. 지난 2천 년간 주의 이름을 위해 목숨을 던진 순교자의 수가 얼마나 되는지는 오직 하나님만 아신다. 그들은 지금 생명의 면류관을 쓰고 하늘나라에서 주님과 함께 영광을 누리고 있다. 스데반은 기독교가 배출한 첫 순교자라는 의미에서 독보적인 존재다. 그래서 성령께서는 그의 장엄한 마지막 순간을 성경에 상세히 기록하게 하셨다. 주님은 우리 모두가 스데반처럼 순교자의 신앙을 가지고 승리하기를 바라고 계신다.

말씀의 씨를 뿌리며

1 능력 있는 말씀은 사람들에게 두 가지 상반된 반응을 일으킨다. 어떤 반응인지 다음 두 곳을 비교해 보라.

- 54절/
- 사도행전 2:37/

2 하나님의 말씀을 듣고 악한 반응을 보이는 사람들을 함부로 정죄하거나 포기하면 안 된다. 스데반의 말에 이를 갈았던 사람들 가운데 사울이라는 청년이 끼어 있는 것을 보기 때문이다. 그가 훗날 위대한 사도 바울이 되리라고 누가 상상인들 했겠는가? 당장 말씀을 잘 받아들이지 않는다고 사람을 성급하게 정죄하는 일은 없는가?(58절)

3 스데반은 자신의 마지막이 가까운 줄을 직감하고 하늘을 주목하였다. 그때 그는 무엇을 보았는가? 그리고 무엇이라고 소리쳤는가?(55-56절)

4 하나님이 스데반의 눈을 열어 특별한 환상을 보게 하신 것은 순교를 해야 할 그를 강하게 붙드시기 위함이었다고 생각한다. 그러나 그것만이 전부가 아니었다. 스데반이 지금 서 있는 자리는 수개월 전 예수님이 재판을 받던 곳이었다. 그때 예수님은 중요한 예언을 하신 일이 있다. 마태복음 26장 64절을 읽고 스데반의 말과 비교해 보라. 그리고 스데반이 환상을 본 이유를 각자 깨달은 대로 말해 보라.

5 스데반은 어떻게 죽임을 당하였는가?(57-59절)

6 스데반이 죽으면서 한 말을 들으면, 마치 그가 평소에 예수님처럼 죽기를 소원했던 사람인 것처럼 보인다. 어떤 면에서 그런가?(59-60절, 참고 / 눅 23:34, 46)

7 믿는 자에게는 어떻게 죽느냐도 중요하다. 살았을 때 아무리 아름다운 일을 많이 했다고 할지라도 임종 시에 하나님의 영광을 가리게 되면 대단히 불행한 일이 아닐 수 없다. 스데반처럼 우리 모두는 죽음마저도 예수님을 닮아야겠다는 각오가 필요하다. 또한 스데반처럼 하늘나라의 영광을 목격하고 기쁨이 충만하여 죽음을 맞이하는 축복을 사모해야 한다. 당신은 자신의 죽음에 대해 생각해 본 적이 있는가? 그리고 어떻게 죽어야겠다고 생각하는지 각자 나눠 보자.

8 스데반의 죽음이 특별한 의미를 가지는 이유가 하나 더 있다. 그것은 그가 평신도였다는 사실이다. 평신도로서 기독교 역사상 첫 순교자가 된 것이다. 하나님은 순교의 첫 영광을 사도들이나 성직자에게 돌리지 않고 평신도에게 안겨 주셨다. 당신은 자신이 평신도라는 점을 강조하며 주를 위해 충성하는 일에는 늘 한 걸음 물러나 있지는 않는가? 그렇다면 스데반에게서 당신이 반드시 배워야 할 진리가 있다. 그것은 무엇인가?

9 스데반의 순교의 피와 그의 임종 기도는 위대한 선교사 바울을 낳았다. 어느 성경학자는 스데반의 기도가 없었더라면 사도 바울이 나오지 못했을 것이라고 말하기도 했다. 한국 교회가 누리는 놀라운 부흥 역시 반드시 이유가 있다. 뿌려진 씨앗이 썩지 않는 곳에 어찌 풍성한 열매가 맺힐 수 있겠는가? 틀림없이 한국 교회의 부흥은 지난 100년간 이 땅에 뿌려진 수많은 순교자의 피가 가져다 준 축복이다. 각자 아는 순교자들의 이름과 이야기가 있다면, 함께 나눠 보자.

삶의 열매를 거두며

만일 주님께서 당신에게도 생명을 내놓으라고 하신다면 당신은 어떻게 하겠는가? 자신의 심정을 솔직히 적고, 기도하도록 하자.

Lesson 17

교회를 위해 교회를 흩으시다

사도행전 8:1b-13

그 날에 예루살렘에 있는 교회에 큰 박해가 있어 사도 외에는 다 유대와 사마리아 모
든 땅으로 흩어지니라 2 경건한 사람들이 스데반을 장사하고 위하여 크게 울더라
3 사울이 교회를 잔멸할새 각 집에 들어가 남녀를 끌어다가 옥에 넘기니라 4 그 흩어
진 사람들이 두루 다니며 복음의 말씀을 전할새 5 빌립이 사마리아 성에 내려가 그
리스도를 백성에게 전파하니 6 무리가 빌립의 말도 듣고 행하는 표적도 보고 한마음
으로 그가 하는 말을 따르더라 7 많은 사람에게 붙었던 더러운 귀신들이 크게 소리
를 지르며 나가고 또 많은 중풍병자와 못 걷는 사람이 나으니 8 그 성에 큰 기쁨이 있
더라 9 그 성에 시몬이라 하는 사람이 전부터 있어 마술을 행하여 사마리아 백성을
놀라게 하며 자칭 큰 자라 하니 10 낮은 사람부터 높은 사람까지 다 따르며 이르되
이 사람은 크다 일컫는 하나님의 능력이라 하더라 11 오랫동안 그 마술에 놀랐으므
로 그들이 따르더니 12 빌립이 하나님 나라와 및 예수 그리스도의 이름에 관하여 전
도함을 그들이 믿고 남녀가 다 세례를 받으니 13 시몬도 믿고 세례를 받은 후에 전심
으로 빌립을 따라다니며 그 나타나는 표적과 큰 능력을 보고 놀라니라

마음의 문을 열며

스데반의 순교 사건을 기점으로 초대교회는 철저한 박해를 받게 되었다. 이 때 많은 성도들이 유대와 사마리아로, 다메섹과 다른 도시로 피신했다. 이 박해를 통해 온 유대와 사마리아, 그리고 땅 끝까지 복음을 전하라는 우리 주님의 명령(행 1:8)이 성취되기 시작하는 것을 보게 된다. 스데반의 순교로 예루살렘의 전도는 일단락되었다. 하지만 대대적인 박해를 통해 복음은 두 번째 단계의 대상인 사마리아로 전해지게 되었다. 그것은 하나님의 신비로운 경륜이었다. 만일 예루살렘 교회가 흩어지기를 싫어한 채 자기들만의 신앙생활에 도취되어 있었다면, 복음은 예루살렘과 유대인들의 울타리를 넘어가지 못했을 것이다. 그리고 그 결과 세계적인 구원은 성취되지 못했을 것이다.

말씀의 씨를 뿌리며

1 스데반이 순교한 다음 예루살렘 교회에는 어떤 일이 일어났는가?(1b절)

2 당시 핍박을 하던 지도자들 가운데는 사울이라는 청년이 있었다. 그는 어떻게 교회를 무참히 짓밟았는가?(3절, 참고 / 26:9-11)

3 하나님은 가끔 우리가 꺼리고 두려워하는 방법으로 자신의 선하신 뜻을 이루신다. 예루살렘 교회가 당한 핍박 역시 복음을 전세계로 퍼지게 하는 결정적 역할을 하였다. 왜냐하면 심한 박해가 수만 명의 제자들을 이곳저곳으로 흩어 버렸기 때문이다. 바람이 불면 민들레 씨앗은 사방으로 날아간다. 핍박은 성령 충만한 성도들을 아시아 전역으로 흩어놓은 바람이었다. 특히 예수 믿고 신앙생활하는 것이 너무 좋아 고향으로 돌아갈 생각마저 포기하고 눌러 앉아 있던 교포 유대인들마저 서둘러 짐을 꾸리지 않을 수 없게 만들었다. 성령 충만, 예수 충만한 그들이 흩어지자 무슨 일이 일어났는가?(4절)

4 예루살렘 교회의 성도들은 예수를 믿다가 재산을 날리고 직장마저 빼앗기고 가정도 깨지고 살던 동네에서마저 쫓겨나야 했다. 그 중에는 사랑하는 가족이 죽임을 당한 자들도 있었다. 그럼에도 불구하고 그들은 가는 곳마다 예수를 자랑하고 증거하기를 쉬지 않았다. 겉으로 보기에는 예수 때문에 망한 자들인데 오히려 예수를 더 사랑하고 선전하고 있는 것이다. 그들과 당신을 한 번 비교해 보라. 그리고 느끼는 바를 솔직하게 이야기해 보라.

5 사방으로 흩어진 성도들의 복음 증거 이야기 중, 성령은 집사 빌립과 사마리아 전도에 초점을 맞추고 놀라운 부흥의 이야기를 들려주고 있다. 그 내용은 무엇인가?(5-8절)

6 사도행전을 읽으면 전도자가 복음을 전하는 곳에는 표적과 기사가 함께 나타나는 현상을 자주 보게 된다. 이것은 주님이 예언하신 일이다(막 16:15-18). 여기서 표적과 기사는 복음 증거와 끊을 수 없는 관계가 있음을 알 수 있다. 이적을 주시는 이유는 복음을 능력 있게 증거할 수 있도록 하기 위해서다. 이런 점에서 복음 증거에는 그다지 관심이 없으면서 이적만 사모하는 현대교회 성도들은 크게 잘못 되어 있다고 할 수 있다. 예수를 위해 핍박 받고 모든 것을 잃어버리는 일은 죽기보다 싫어하면서, 이적과 기사는 좋아하는 신앙태도는 확실히 문제가 있다. 이 점에 대해 당신은 어떻게 생각하는가?

7 아래의 글처럼, 사마리아 전도는 그리스도 안에서 하나 됨의 역사를 보여주는 것이었다. 당신은 예수 때문에 합할 수 없는 두 집안이, 사랑할 수 없는 두 사람이 하나가 되는 기쁨을 체험한 일이 있는가?(참고 / 엡 2:13-18)

사마리아 전도는 역사적으로나 종교적으로 큰 의미를 갖는 사건이다. 사실 사마리아인과 유대인들은 서로 상종치 않았다. 솔로몬이 죽자 유대나라는 남북으로 나뉘어져서 북쪽 열 지파는 여로보암이 다스리는 이스라엘 왕국이 되었고, 나머지 두 지파는 다윗의 왕조를 계승하는 유대왕국으로 남아 있었다. 사마리아 지방은 북왕국에 속하게 되었고 그들은 즉시 우상숭배에 빠졌다. 그 결과 그들은 앗수르에 멸망당하면서 잡혼을 강요당했다. 그러나 남왕국 유다는 바벨론에게 멸망했지만 혈통의 순수성은 유지했다. 바로 이 이유 때문에 유대인들은 사마리아인들을 천대하고 무시했으며 상종치 않았던 것이다. 그런데 빌립의 사마리아 전도는 바로 남북의 미움을 깨뜨리고 그리스도 안에서 하나 되는 전환점을 마련한 것이었다. 그러므로 사마리아의 부흥은 어떠한 인간적, 인종적, 문화적 장벽도 예수의 복음 앞에서는 무너지고 만다는 것을 보여준 감동적인 드라마라 할 수 있다.

8 예수 그리스도의 복음 앞에서 모든 사람은 평등하며, 누구나 구원받을 권리가 있다. 빌립이 사마리아로 내려간 이유도 이 때문이었다. 우리 주변에 차별해서 전도를 꺼리는 사람은 없는가? 각자가 뛰어가야 할 사마리아는 어디라고 생각하는가?

9 사마리아에서 가장 큰 반향을 일으킨 사람은 누구였는가? 그리고 그가 그토록 관심의 대상이 된 이유는 무엇인가?(9-13절)

10 전도의 능력은 가장 악하다고 소문난 사람, 가장 심하게 교회를 핍박하는 것으로 유명한 자들이 회개하고 돌아오는 데서 극적으로 증명된다. 골리앗이 거꾸러지자 블레셋 군대가 패배하였다. 마술사 시몬이 예수의 이름을 듣고 백기를 들자 사마리아에 있는 수많은 사람들이 무릎을 꿇었다. 그러므로 전도할 때 유달리 방해하고 못되게 구는 자가 나타나면 주님이 그를 통해 부흥의 능력을 증거하고 많은 사람을 구원하려는 계획을 가지고 계심을 알아야 한다. 우리는 이런 악한 자들을 두려워해서는 안 된다. 오히려 감사하며 예수 그리스도를 전해야 한다. 당신은 현대판 시몬이 항복해서 여러 사람이 믿게 되는 경험을 한 일은 없는가? 있으면 나눠 보라.

삶의 열매를 거두며

이 시간 무릎 꿇고 우리에게도 빌립에게 주셨던 복음의 능력을 달라고 함께 간구하자.

사마리아에 성령이 임하시다

사도행전 8:14-24

14 예루살렘에 있는 사도들이 사마리아도 하나님의 말씀을 받았다 함을 듣고 베드로
와 요한을 보내매 15 그들이 내려가서 그들을 위하여 성령 받기를 기도하니 16 이는
아직 한 사람에게도 성령 내리신 일이 없고 오직 주 예수의 이름으로 세례만 받을 뿐
이더라 17 이에 두 사도가 그들에게 안수하매 성령을 받는지라 18 시몬이 사도들의
안수로 성령 받는 것을 보고 돈을 드려 19 이르되 이 권능을 내게도 주어 누구든지
내가 안수하는 사람은 성령을 받게 하여 주소서 하니 20 베드로가 이르되 네가 하나
님의 선물을 돈 주고 살 줄로 생각하였으니 네 은과 네가 함께 망할지어다 21 하나님
앞에서 네 마음이 바르지 못하니 이 도에는 네가 관계도 없고 분깃 될 것도 없느니라
22 그러므로 너의 이 악함을 회개하고 주께 기도하라 혹 마음에 품은 것을 사하여 주
시리라 23 내가 보니 너는 악독이 가득하며 불의에 매인 바 되었도다 24 시몬이 대답
하여 이르되 나를 위하여 주께 기도하여 말한 것이 하나도 내게 임하지 않게 하소서
하니라

마음의 문을 열며

사마리아에 큰 부흥이 일어났다는 소식을 들은 사도들은 베드로와 요한을 파송하였다. 이들의 방문은 유대인과 사마리아인, 예루살렘 교회와 사마리아 교회가 예수 안에서 손을 잡고 하나 됨을 공식적으로 선언하는 대단히 중요한 의의를 지니는 것이었다. 얼마 전까지 하늘에서 불을 내려 사마리아 사람들을 전부 몰살시켜 버리자고 말하다 예수님께 호된 꾸지람을 들었던 요한의 심정은 어땠을까?(눅 9:51-56) 사마리아를 방문하여 주께로 돌아온 형제들을 보고 크게 고무된 나머지 두 사도는 사마리아 교회가 예루살렘 교회처럼 특별한 방법으로 성령 받기를 위해 기도한다. 오늘의 본문은 해석상 대단히 어려운 내용이지만 우리가 성령의 인도하심을 믿고 배운다면 반드시 은혜를 주실 것이다.

말씀의 씨를 뿌리며

1 베드로와 요한이 사마리아에 가서 특별히 무엇을 위해 기도했는가? 그리고 이들이 이렇게 기도한 이유는 무엇이며, 기도응답은 어떻게 나타났는가?(15-17절)

2 한편에서는 사마리아 교회에 역사하신 성령의 임재를 가지고 예수를 믿어도 성령세례를 별도로 받아야 한다고 주장한다. 성령을 받았으면 방언이나 예언 같은 확실한 증거가 보여야 한다는 것이다. 그런가 하면 다른 한편에서는 그렇지 않다고 반박한다. 예수 믿는 자는 이미 성령세례를 받았기 때문에 사마리아 교인들처럼 성령을 따로 받는 절차나 체험이 필요 없다는 것이다. 당신은 이 두 가지 견해 가운데 지금까지 어느 것을 지지해 왔는가?

3 본문을 그대로 놓고 보면 예수를 믿어도 성령세례는 따로 받아야 한다고 주장하는 사람들의 말이 옳은 것처럼 보인다. 왜 그런지 몇 가지 이유를 찾아보라(16-17절, 참고 / 행 2:38-39).

4 만일 우리가 믿은 다음에 성령체험을 다시 해야 성령을 받았다고 말한다면, 다음과 같은 난제를 만나게 된다. 여기에 대해 각자의 생각을 나눠보자.

- 사도행전을 보면 성령세례를 따로 받지 않은 성도들이 대단히 많다(8:36-39, 16:15, 16:33-34).

- 성경에서 성령체험을 특별히 언급하고 있는 곳은 사도행전에서 네 곳뿐이다(2:1-4, 8:15-17, 10:44-46, 19:1-7).

- 서신서에서는 체험과 관계없이 믿는 자의 성령 받음을 말씀하고 있다(롬 8:1-2, 8-9).

- 역사적으로 보면 위대한 신앙 인물 중 상당수가 성령세례의 체험을 한 일이 없었다(어거스틴, 루터, 칼빈, 허드슨 테일러, 빌리 그래함, 주기철, 안이숙).

○ 현실적으로 보아 교회를 다니는 교인 중 80% 이상이 특별한 체험과는 거리가 먼 사람들이다.

○ 성령세례의 체험을 하지 않았으나 성숙한 그리스도인으로 사는 사람들이 대단히 많다.

5 만일 우리가 성령세례의 체험이 따로 없어도 예수 믿는 자는 모두 성령을 받았다는 입장을 지지한다면, 다음과 같은 어려운 문제를 만날 수 있다. 여기에 대해 각자의 생각을 나누어 보자.

○ 오순절 성령 받은 제자들은 그 이전에 이미 예수를 믿고 있었다. 그러므로 그들이 다락방에서 받은 성령은 믿는 것과 관계없는 별도의 체험이었다.

○ 베드로의 설교를 보면 믿고 회개하고, 세례 받은 사람에게 성령을 선물로 주신다(행 2:38-39).

○ 오순절의 성령강림은 예수를 믿게 하는 일 이상의 것이었다. 제자들은 하나 같이 능력 있는 복음의 증인이 되었다. 담대하였다. 표적과 기사가 따랐다. 가진 것을 다 내놓았다. 생명을 기꺼이 바쳤다. 그러나 오늘날 대부분의 성도들에게서는 이런 은혜를 찾아보기가 쉽지 않다.

○ 20세기에 들어 성령의 특별한 체험을 한 사람들이 급속도로 늘어가고 있다.

6 아래의 글처럼 성령체험과 관련해서 우리는 각자 받은 대로 감사할 줄 알아야 한다. 당신이 아는 훌륭한 신앙인 중에서 남다른 성령체험을 받은 자와 그렇지 않은 자를 각각 한 사람씩 생각해 보라. 그리고 이 두 사람에게 틀림없는 성령의 은혜라고 말할 수 있는 공통점을 몇 가지 들어 보라.

우리는 사마리아의 성령 역사를 가지고 극단적인 자기주장에 빠지면 대단히 위험하다는 것을 알아야 한다. 말씀을 어느 한 부분만 따로 떼어 놓고 해석한다면 바르게 깨달을 수 없다. 성경 전체를 가지고 사마리아 사건을 검토해야 한다. 우리가 사마리아 사건을 놓고 이것은 특별한 경우일 뿐 지금은 그런 일이 있을 수 없다고 말하면 안 된다. 그렇게 하면 우리가 성령의 전능하심을 함부로 제한하는 일이 될 수 있다. 반면에 사마리아 사람처럼 가시적이고 체험적인 무엇이 없다면 성령을 받은 것이 아니라고 판단해서도 안 된다. 왜냐하면 그렇지 않은 예가 얼마든지 있기 때문이다. 우리는 각자 받은 대로 감사해야 한다. 체험이 없는가? 그것이 없어도 신앙생활을 아름답게 하고 있다면 성령 받은 가장 확실한 증거를 가지고 있음을 믿어야 한다. 체험이 있는가? 그런 은혜를 주신 하나님께 감사하면서 다른 형제를 비판하거나 교만해서는 안 된다. 지금은 오히려 체험 때문에 잘못되는 자들이 너무 많아서 큰 걱정이라는 사실을 잊지 말아야 할 것이다.

7 마술사 시몬은 사도들이 안수하자 성령이 임하여 사람들이 방언하고 찬양하는 모습을 보고 무엇이라고 간청했는가?(19절)

8 20절을 주의해서 보라. 성령은 하나님의 선물이다. 선물은 값없이 주고 받는 것이다. 선물은 까다로운 조건을 걸어놓고 그 조건에 맞으면 주는 것이 아니다. 주는 자의 입장에서 주고 싶어서 주는 것이 선물이요, 받는 자의 입장에서는 바라지도 않았는데 얻는 것이 선물이다. 이런 의미에서 성령을 받는 문제를 가지고 복잡한 이야기를 하는 것은 잘못된 것이다. 철야를 해라, 금식을 해라, 무슨 집회에 참석해라, 헌금을 얼마 내라 등의 말들은 우리가 은혜를 더 받고 능력을 얻기 위해서 가끔 유익한 수단이 될 수는 있지만, 성령을 받기 위한 필수조건으로 내세우는 것은 지나친 주장이 아닐 수 없다. 하나님은 그런 요구를 한 적이 없으시기 때문이다. 다음의 성구들을 가지고 이 사실을 확인해 보라.

- 요한복음 7:37-38/

- 요한복음 14:16/

- 사도행전 2:17/

- 누가복음 24:49/

9 사도들이 안수하여 성령 받은 사람들 중에 마술사 시몬도 끼어 있었는지는 확실하지 않다. 그러나 그가 그들 중에 없었다고 주장하기에는 여러 점으로 미루어 볼 때 설득력이 약하다. 그는 이미 예수 믿고 세례를 받았다. 그리고 마술로 사람을 현혹시키던 죄를 끊어버렸다. 그는 틀림없이 안수 받고 성령의 체험을 하였을 것이다. 그럼에도 불구하고 그에게는 두 가지 큰 문제점이 있었다. 그것은 무엇인가?(20, 23절)

삶의 열매를 거두며

아무리 별난 체험을 해도 말씀으로 양육을 받지 못하면 하나님의 선물을 돈으로 따지는 것과 같은 헛소리를 하기 쉽다. 또한 성령을 모시지만 오랫동안 익었던 악한 생각과 감정이 하루아침에 완전히 씻겨나가는 것은 아니다. 이제 성화 과정의 첫걸음을 내딛었을 뿐이다. 그러므로 우리는 겸손해야 한다. 말씀을 부지런히 상고해야 한다. 당신은 한때 받은 어떤 체험에만 매달려서 말씀을 등한히 하고 있지는 않은가? 그리고 마음을 성결하게 하는 경건생활에 소홀하지는 않은지 돌아보라.

Lesson 19

이방인에게도 복음이 전해지다

사도행전 8:26-40

25 두 사도가 주의 말씀을 증언하여 말한 후 예루살렘으로 돌아갈새 사마리아인의
여러 마을에서 복음을 전하니라 26 주의 사자가 빌립에게 말하여 이르되 일어나서
남쪽으로 향하여 예루살렘에서 가사로 내려가는 길까지 가라 하니 그 길은 광야라
27 일어나 가서 보니 에디오피아 사람 곧 에디오피아 여왕 간다게의 모든 국고를 맡
은 관리인 내시가 예배하러 예루살렘에 왔다가 28 돌아가는데 수레를 타고 선지자
이사야의 글을 읽더라 29 성령이 빌립더러 이르시되 이 수레로 가까이 나아가라 하
시거늘 30 빌립이 달려가서 선지자 이사야의 글 읽는 것을 듣고 말하되 읽는 것을 깨
닫느냐 31 대답하되 지도해 주는 사람이 없으니 어찌 깨달을 수 있느냐 하고 빌립을
청하여 수레에 올라 같이 앉으라 하니라 32 읽는 성경 구절은 이것이니 일렀으되 그
가 도살자에게로 가는 양과 같이 끌려갔고 털 깎는 자 앞에 있는 어린 양이 조용함과
같이 그의 입을 열지 아니하였도다 33 그가 굴욕을 당했을 때 공정한 재판도 받지 못
하였으니 누가 그의 세대를 말하리요 그의 생명이 땅에서 빼앗김이로다 하였거늘 34
그 내시가 빌립에게 말하되 청컨대 내가 묻노니 선지자가 이 말한 것이 누구를 가리
킴이냐 자기를 가리킴이냐 타인을 가리킴이냐 35 빌립이 입을 열어 이 글에서 시작
하여 예수를 가르쳐 복음을 전하니 36 길 가다가 물 있는 곳에 이르러 그 내시가 말
하되 보라 물이 있으니 내가 세례를 받음에 무슨 거리낌이 있느냐 37 (없음) 38 이에

명하여 수레를 멈추고 빌립과 내시가 둘 다 물에 내려가 빌립이 세례를 베풀고 39 둘
이 물에서 올라올새 주의 영이 빌립을 이끌어간지라 내시는 기쁘게 길을 가므로 그
를 다시 보지 못하니라 40 빌립은 아소도에 나타나 여러 성을 지나 다니며 복음을 전
하고 가이사랴에 이르니라

마음의 문을 열며

사마리아 성에서 큰 부흥을 일으켰던 빌립은 그곳에 오래 머물러 있을 수 없었다. 우리 생각에는 사마리아 교회를 위해서 그가 오래 머물면서 사역하는 것이 좋을 것 같은데 주님은 그것을 허락하지 않으셨다. 성령의 사람은 성령의 인도를 최우선에 두고 산다. 빌립도 예외가 아니었다. 그가 광야에서 에디오피아 내시를 만나 전도하게 되는데 이것은 유대인이 처음으로 이방인을 찾아가 복음을 전하고 믿게 한 경우라는 데서 대단히 중요한 의미를 지닌다. 복음이 사마리아의 장벽을 넘어 땅 끝에 있는 이방인에게까지 흘러가기 시작했기 때문이다. 여기서 우리는 오순절에 임하신 성령께서 얼마나 적극적으로, 그리고 주도면밀하게 그의 종들을 통해 일하고 계시는지를 확인할 수 있다.

말씀의 씨를 뿌리며

1 주의 사자가 빌립에게 무엇을 지시하였는가?(26절)

2 오늘 읽은 본문에서 '주의 사자' 와 '성령' 이 어떻게 다른지 구별하기는 어렵다. 빌립에게 천사가 나타나서 말씀하신 것이 틀림없으며, 동시에 천사의 말은 곧 성령이 하시는 명령으로 보았다. 왜 그렇게 말할 수 있는지 살펴보라(26, 29, 39절, 참고 / 5:19-20, 12:7-8).

3 아래의 글처럼 성령은 시대마다 일하시는 방법이 다르다. 하지만 우리 역시 빌립처럼 성령이 가라 하면 가고, 오라 하면 오는 생활을 해야 한다. 당신은 성령이 가라고 하실 때 그 명령을 어떻게 확인하고 따르는가?

우리는 빌립이 성령의 인도를 받는 것을 보면서 구약의 엘리야를 연상하게 된다. 성령이 빌립을 인도하시는 방법이 초자연적이요 신비스럽기 때문이다. 사마리아에 있던 사람이 갑자기 광야에 나타나고, 금방 물에서 세례를 주던 사람이 온데간데없이 사라진다. 성령이 임하신 지 얼마 안 되는 초대교회 당시에는 성령이 이렇게 독특한 방법으로 그의 종들을 사용하시는 일이 많았다. 그러나 지금은 이런 일이 일어나지 않는다. 왜 그런지 주님만이 그 이유를 알고 계신다. 이 사실을 놓고 우리가 깨달아야 할 진리는, 성령이 역사하시는 형태나 일을 시키시는 방법이 항상 동일하지는 않다는 것이다. 구약에서 엘리야 시대와 말라기 시대가 달랐듯이, 초대교회 시대와 우리 시대가 다를 수 있는 것이다. 그러므로 성령이 빌립처럼 우리를 다루어 주시기를 기다릴 수는 없다.

4 빌립은 광야에서 누구를 만났으며, 그는 무엇을 하고 있었는가?(27-28절)

5 간다게는 에디오피아의 왕가에 붙여진 공식 명칭이었다. 발굴된 유물로 보아 B. C. 300년경부터 이 왕가가 존재하고 있었던 것으로 추정된다. 빌립이 만난 내시에 관해서는 알려진 바가 거의 없다. 유대교로 개종한 에디오피아 고관이었던 것은 틀림없다. 그는 유대인의 절기를 맞아 예루살렘 성전에 예배하러 올라왔다 돌아가는 길이었다. 내시로서 어떻게 성전예배에 참석할 수 있었는지는 잘 알 수 없다. 원래 내시는 성전에 들어갈 수 없도록 금지되어 있었기 때문이다(신 23:1, 비교 / 사 56:3절 이하) 어쨌든 그는 하나님이 구원하기를 기뻐하신 특별한 사람이었다. 그를 보고 빌립이 무엇이라고 말을 걸었으며 그의 대답은 어떠했는가?(30-31절)

6 내시가 읽고 있던 성경은 헬라어로 번역된 구약의 이사야였다. 특히 고난의 종으로 오신 메시아를 예언하고 있는 53장의 한 부분이었다. 이 말씀의 핵심은 무엇인가? 그리고 내시가 풀지 못했던 의문은 무엇이었으며, 왜 그것을 풀지 못했는가?(32-34절, 참고 / 사 53:7-8)

7 성경을 바로 깨닫기 위해서는 반드시 가르치는 자가 있어야 한다. 36절을 보면 빌립의 가르침을 받은 내시는 세례 받기를 자청하고 나선다. 이것으로 보아 내시에게 어떤 변화가 일어났다고 생각하는가? 우리 성경에는 빠져 있는 37절을 어느 사본에서는 이렇게 기록하고 있다. "빌립이 가로되 네가 마음을 온전히 하여 믿으면 가하니라 대답하여 가로되 내가 예수 그리스도께서 하나님의 아들인 줄 믿노라."

8 세례를 받자마자 빌립은 보이지 않았다. 하지만 내시는 전혀 다른 사람이 되어 남은 여행을 계속했다. 무엇을 보고 알 수 있는가?(39절)

9 우리는 내시가 사마리아 교인들처럼 성령 임하시기를 위해 사도들의 안수를 받은 사실이 없음을 주목해야 한다. 성령을 받은 증거로 방언을 했다거나 신기한 현상이 일어났다는 말이 전혀 없다. 그리고 빌립이 그에게 '당신은 이제 성령을 따로 받아야 한다'는 언질을 남겨 놓지도 않았다. 그럼에도 불구하고 분명히 말할 수 있는 것은 그가 구원받았고 성령을 받았다는 사실이다. 내시의 경우를 보아 성령은 사람마다 시대마다 여러 가지 형태로 임하신다는 점을 부인할 수 없다. 당신에게는 성령이 어떤 형태로 임하셨다고 보는가? 내시형인가? 사마리아형인가?

삶의 열매를 거두며

구원은 기쁨을 안겨준다. 내시처럼 기쁨이 충만해야 구원받았고 성령의 사람이 되었다고 말할 수 있다. 물론 처음에는 이 기쁨이 넘치다가 세월이 흐르면서 식을 수도 있다. 그러나 성령의 사람은 이 기쁨을 회복할 수 있다. 당신에게 구원의 기쁨이 있는가? 그리고 식었다거나 없다면, 그 원인은 무엇이라고 생각하는가?(참고 / 시 51:12)

Lesson 20

사울이 회심하다

사도행전 9:1-19a

1 사울이 주의 제자들에 대하여 여전히 위협과 살기가 등등하여 대제사장에게 가서
2 다메섹 여러 회당에 가져갈 공문을 청하니 이는 만일 그 도를 따르는 사람을 만나
면 남녀를 막론하고 결박하여 예루살렘으로 잡아오려 함이라 3 사울이 길을 가다가
다메섹에 가까이 이르더니 홀연히 하늘로부터 빛이 그를 둘러 비추는지라 4 땅에 엎
드러져 들으매 소리가 있어 이르시되 사울아 사울아 네가 어찌하여 나를 박해하느
냐 하시거늘 5 대답하되 주여 누구시니이까 이르시되 나는 네가 박해하는 예수라
6 너는 일어나 시내로 들어가라 네가 행할 것을 네게 이를 자가 있느니라 하시니
7 같이 가던 사람들은 소리만 듣고 아무도 보지 못하여 말을 못하고 서 있더라 8 사
울이 땅에서 일어나 눈은 떴으나 아무 것도 보지 못하고 사람의 손에 끌려 다메섹으
로 들어가서 9 사흘 동안 보지 못하고 먹지도 마시지도 아니하니라 10 그때에 다메섹
에 아나니아라 하는 제자가 있더니 주께서 환상 중에 불러 이르시되 아나니아야 하
시거늘 대답하되 주여 내가 여기 있나이다 하니 11 주께서 이르시되 일어나 직가라
하는 거리로 가서 유다의 집에서 다소 사람 사울이라 하는 사람을 찾으라 그가 기도
하는 중이니라 12 그가 아나니아라 하는 사람이 들어와서 자기에게 안수하여 다시
보게 하는 것을 보았느니라 하시거늘 13 아나니아가 대답하되 주여 이 사람에 대하
여 내가 여러 사람에게 듣사온즉 그가 예루살렘에서 주의 성도에게 적지 않은 해를

끼쳤다 하더니 14 여기서도 주의 이름을 부르는 모든 사람을 결박할 권한을 대제사
장들에게서 받았나이다 하거늘 15 주께서 이르시되 가라 이 사람은 내 이름을 이방
인과 임금들과 이스라엘 자손들에게 전하기 위하여 택한 나의 그릇이라 16 그가 내
이름을 위하여 얼마나 고난을 받아야 할 것을 내가 그에게 보이리라 하시니 17 아나
니아가 떠나 그 집에 들어가서 그에게 안수하여 이르되 형제 사울아 주 곧 네가 오는
길에서 나타나셨던 예수께서 나를 보내어 너로 다시 보게 하시고 성령으로 충만하
게 하신다 하니 18 즉시 사울의 눈에서 비늘 같은 것이 벗어져 다시 보게 된지라 일
어나 세례를 받고 19 음식을 먹으매 강건하여지니라

마음의 문을 열며

이제 우리는 사도행전 후반부에서 탁월하게 쓰임 받게 될 사울이라는 인물을 만나게 된다. 주님은 세계 복음화를 위해 가장 부적절하고 가장 가능성이 없어 보이던 그를 불러 일을 맡기신 것이다. 정말 이해할 수 없는 일이 아닐 수 없다. 사울이 누구인가? 예수를 대적하고 교회를 핍박하던 사람이 아닌가. 심지어 의로운 스데반을 돌로 쳐 죽이며 그것이 하나님을 위한 충성이라 자랑까지 하던 사람이 아닌가. 우리 주님은 그런 사람을 꺾어 땅 끝까지 복음을 증거하게 하신 것이다. “누가 주의 마음을 알았느냐 누가 그의 모사가 되었느냐”(롬 11:34)라는 탄성이 절로 나온다. 이제 우리는 주님이 그를 어떻게 만나 주시고, 새 일을 맡기셨는지를 배우려고 한다. 우리가 섬기고 찬양하는 예수 그리스도가 바로 이런 분임을 안다면, 우리에게 새로운 깨달음이 있을 것이다.

말씀의 씨를 뿌리며

1 스데반을 죽인 다음에도 여전히 예수의 제자들에 대한 감정이 풀리지 않았던 사울이 두 번째로 계획한 음모는 무엇인가?(1-2절)

2 다메섹은 세계에서 가장 오래된 도시의 하나로 수리아 지방의 수도였다. B. C. 2000년경부터 이 도시가 있었다고 한다(창 14:15, 15:2). 특히 초대교회 당시 그곳에는 유대인들이 많이 모여 들어 유대인 촌을 따로 형성하고 있었다. 예루살렘 교회에 큰 박해가 시작되자 수많은 성도들이 국경을 넘어 이곳으로 피신했다. 유대나라가 정치적으로는 로마의 속국이었으나 유대인들이 집단으로 살고 있는 곳은 비록 외국이라 할지라도 대제사장이 그들에게 어느 정도의 사법권을 행사할 수 있었다. 당시 각 지역에 흩어져 있던 회당은 대제사장의 명령이 하달될 수 있는 말단 조직체로 활용되고 있었다. 그러므로 대제사장의 허락만 얻으면 원하는 대로 사람을 검문, 납치, 투옥시킬 수 있었다. 사울은 바로 이 일을 할 수 있는 권한을 얻어 가지고 살기등등하게 다메섹으로 가고 있었던 것이었다. 사울이 다메섹에 거의 가까이 이르렀을 때 무슨 일이 일어났는가?(3-9절)

3 사울은 자기가 다메섹 도상에서 예수님을 만나게 된 극적인 사건을 사도행전에서 두 번이나 간증하고 있다. 그 내용이 약간씩 다른 데가 있지만, 그것이 오히려 더 진실한 이야기라는 것을 뒷받침하고 있다. 사울의 회심은 너무나 유명한 사건이므로 우리가 상세히 검토할 필요가 있다. 다음의 세 본문을 가지고 서로 보완하여 완전한 이야기를 만들어 보자.

- 9장 3-9절/

- 22장 6-11절/

- 26장 10-18절/

4 사울이 길바닥에 엎드러진 모습을 한번 상상해 보라. 그리고 장님이 되어 사람들의 손에 이끌려가는 초라한 모습을 그려 보라. 여기서 당신이 느끼고 깨닫는 것은 무엇인가?(참고 / 눅 1:51-53)

5 사울은 부활의 주님을 만나자 두 가지 질문을 하였다. 이 질문은 모든 사람이 하나님께 묻고 답을 얻어야 할 인생 본연의 궁극적인 문제이다. 사울의 두 가지 질문은 무엇인가? 그리고 이것이 왜 그렇게 중요한 질문인지 말해 보라(5절, 행 22:10).

6 하나님이 구원하시기로 마음먹은 사람은 어떤 수단을 동원해서라도 부르신다. 사울의 경우가 대표적인 예라고 할 수 있다. 당신의 부르심은 어떠했는가? 생각지도 않았고 원하지도 않았고 심지어 열을 올려 반대하고 있었는데 결국 예수님을 믿게 되지는 않았는가?(참고 / 사 50:2)

7 주님이 사울을 부르신 목적은 그를 구원하는 데만 있지 않고 지금까지 누구한테도 맡긴 일이 없는 엄청난 일을 시키려는 데 있었다. 그것이 무엇이며, 이를 위해 누구를 사울에게 보냈는가?(10-12, 15-16절)

8 사울이 주님으로부터 받은 명령은 인간적인 생각대로 한다면 절대로 순종하고 싶지 않았던 십자가의 길이었다. 요나처럼 도망하고 싶다는 생각이 안 날 수 없을 만큼 힘든 일이었다. 그러나 사울이 주님의 명령을 얼마나 진지하게 받아들였는지를 다음 구절들을 비교하면서 검토해 보라.

- 사도행전 26:19-20/

- 고린도전서 9:16/

○ 사도행전 20:24/

9 사울은 주님의 이름을 위하여 받는 고난이 어떤 것인지를 스데반을 통해 실감하고 있었을 것이다. 스데반이 걸어간 그 길을 주님이 자기보고 걸어가라고 말씀하신다는 사실을 잘 알았을 것이다. 우리 역시 경우의 차이는 있지만 똑같은 명령을 받고 있다. 사울처럼 비장한 각오로 예수를 믿고 증거하는 생활을 해야 한다. 누가복음 14:26-27절을 가지고 이 점에 대해 서로의 생각을 나누어 보자.

삶의 열매를 거두며

아나니아가 안수하자 사울이 어떤 은혜를 받았는지 살펴보라(17-19절). 우리 역시 주의 일을 힘차게 하려면 사울처럼 건강과 성령 충만 그리고 소명감이 있어야 한다. 우리 각자에게 이 세 가지의 요소가 잘 갖추어져 있는지 살펴보자.

Lesson 21

핍박자, 증인이 되다

사도행전 9:19b-31

사울이 다메섹에 있는 제자들과 함께 며칠 있을새 20 즉시로 각 회당에서 예수가 하
나님의 아들이심을 전파하니 21 듣는 사람이 다 놀라 말하되 이 사람이 예루살렘에
서 이 이름을 부르는 사람을 멸하려던 자가 아니냐 여기 온 것도 그들을 결박하여 대
제사장들에게 끌어 가고자 함이 아니냐 하더라 22 사울은 힘을 더 얻어 예수를 그리
스도라 증언하여 다메섹에 사는 유대인들을 당혹하게 하니라 23 여러 날이 지나매
유대인들이 사울 죽이기를 공모하더니 24 그 계교가 사울에게 알려지니라 그들이 그
를 죽이려고 밤낮으로 성문까지 지키거늘 25 그의 제자들이 밤에 사울을 광주리에
담아 성벽에서 달아 내리니라 26 사울이 예루살렘에 가서 제자들을 사귀고자 하나
다 두려워하여 그가 제자 됨을 믿지 아니하니 27 바나바가 데리고 사도들에게 가서
그가 길에서 어떻게 주를 보았는지와 주께서 그에게 말씀하신 일과 다메섹에서 그
가 어떻게 예수의 이름으로 담대히 말하였는지를 전하니라 28 사울이 제자들과 함께
있어 예루살렘에 출입하며 29 또 주 예수의 이름으로 담대히 말하고 헬라파 유대인
들과 함께 말하며 변론하니 그 사람들이 죽이려고 힘쓰거늘 30 형제들이 알고 가이
사랴로 데리고 내려가서 다소로 보내니라 31 그리하여 온 유대와 갈릴리와 사마리아
교회가 평안하여 든든히 서 가고 주를 경외함과 성령의 위로로 진행하여 수가 더 많
아지니라

마음의 문을 열며

다메섹 도상에서 부활의 주님을 만난 사울은 자신 안에서 대지진과 같은 급격한 변화가 일어나는 것을 체험하였다. 그의 종교, 인생 철학, 사회적 소속은 물론 남은 생을 통해 걸어가야 할 인생의 여정마저도 그 방향이 완전히 바뀌고 말았다. 오늘 본문을 통해 우리는 그가 얼마나 달라졌는지를 엿볼 수 있다. 예수 그리스도를 만난 후의 사울은 한마디로 표현하면 '예수 충만'이라고 할 수 있다. 다메섹과 예루살렘의 사람들이 그의 갑작스러운 변화를 믿으려 하지 않았던 것은 너무나 당연한 일이었다.

말씀의 씨를 뿌리며

1 사울은 원기를 회복하자 무엇을 하였는가?(19b-20)

2 '즉시로' 라는 말에 주의할 필요가 있다. 사울은 꾸물거리고 앉아 있을 수 없었다. 속이 답답해서 참을 수가 없었다. 그의 이러한 심정을 '즉시' 라는 말이 잘 나타내고 있다. 사울처럼 우리에게도 예수님이 하나님의 아들이심을 즉시로 전하고 싶은 강력한 열정이 있는가? 만약 이러한 열정이 식어 버렸다면, 어떻게 다시 회복시킬 수 있을지 이야기를 나눠보자(참고/ 렘 20:9; 행 4:20; 계 3:19).

3 얼마 전까지 예수 믿는 자들을 비판하던 사람이 어느 날 갑자기 '할렐루야' 하고 주님을 찬양하면서 증거하는 일을 목격한 일이 있는가? 이렇게 극적으로 회개하고 돌아온 사람은 모태신앙을 가진 자들보다 더 큰 충격과 영향을 끼치는 것을 볼 수 있다. 전도의 열매 또한 더 풍성하다. 사울이 갑자기 예수를 증거하자 회당에 모인 자들이 어떤 반응을 보였는가?(21절)

4 사울이 다메섹 회당에서 예수를 증거한 것은 자기 힘이 아니고 성령의 권능이었다. 무엇을 보고 알 수 있는가? 다음 두 구절을 비교해 보라.

- 22절/

- 6장 10절/

5 사울이 다메섹에 계속 머물기에는 너무나 위험했다. 벌써부터 그는 어디를 가나 자기 동족으로부터 생명의 위협을 당하며 쫓겨 다녀야 했다. 험난한 생이 시작된 것이다. 23-25절을 가지고 그가 경험한 숨 막히는 상황을 이야기해 보라(참고 / 행 9:16).

6 사울의 변화된 모습을 보고 가장 크게 놀란 사람은 예루살렘 교회의 지도자들이었다. 본문은 그들의 의아해하는 심정을 어떻게 표현하고 있는가?(26절)

7 예루살렘 지도자들과 사울 사이에 중간 역할을 한 사람이 바나바였다. 바나바는 사울이 여러 가지 점에서 은혜를 입은 훌륭한 지도자였다. 다음 구절을 가지고 이 사실을 확인해 보자.

- 27절/

- 11장 25-26절/

8 우리가 바나바에게서 배울 수 있는 것은 자기보다 나은 사람이 나타날 때 그를 앞세우기를 좋아하는 온유하고 겸손한 인품의 소유자라는 점이다. 솔직히 말해 사도행전의 기록을 보면 바나바는 사울을 추천하고 그를 곁에서 도와주다가 조용히 무대 뒤로 사라진 인물이라 할 수 있다. 인격적인 면에서 바나바는 사울보다 훨씬 더 훌륭한 인물이었음이 틀림없다. 주의 일을 하는 데는 사울과 같은 주연도 필요하지만 바나바 같은 조연도 꼭 있어야 한다. 당신이 바나바와 같은 위치에서 일을 해야 한다면, 그것으로 만족하고 감사할 수 있겠는가?

9 31절을 여러 번 반복해서 읽으라. 그리고 다음 질문에 답해 보라.

- 교회가 지역적으로 어디까지 퍼져나가고 있었는가?(참고 / 행 1:8, 6:7)

- 핍박자 사울이 회개하자 교회는 어떤 은혜를 누리게 되었는가?(참고 / 딤전 2:2)

- 교회가 양적으로는 어떻게 발전하고 있었는가?(참고 / 행 6:7)

삶의 열매를 거두며

복음은 핍박 때문에 더 힘있게 더 멀리 전파된다. 사탄은 사울을 앞세워서 예루살렘 교회를 핍박하면 복음을 전하던 수만 명의 제자들이 벙어리가 되고 교회도 문 닫게 될 것이라고 예상했을 것이다. 그러나 그 결과는 정반대였다. 핍박으로 복음은 더 빨리 사마리아, 갈릴리 그리고 다메섹까지 번져가고 있는 것을 볼 수 있다. 기독교 역사를 돌이켜 보면 어느 나라에서나 핍박이 교회 부흥의 불씨가 되었다. 우리나라의 경우가 가장 좋은 예가 아닌가 한다. 그러므로 핍박을 부정적으로 보지 말아야 한다. 가정에서 당하는 작은 핍박일지라도 두려워하거나 낙심하지 말아야 한다. 동남풍이 불면 불수록 가시밭의 백합화는 그 향기를 더 멀리 날리게 되는 것이다. 당신에게 이 같은 확신이 있는가? 그리고 우리 중에 핍박당하는 형제가 있으면 격려하고 기도해 주는 시간을 갖도록 하자.

Lesson 22

베드로, 도르가를 살리다

사도행전 9:32-43

32 그때에 베드로가 사방으로 두루 다니다가 룻다에 사는 성도들에게도 내려갔더니
33 거기서 애니아라 하는 사람을 만나매 그는 중풍병으로 침상 위에 누운 지 여덟 해
라 34 베드로가 이르되 애니아야 예수 그리스도께서 너를 낫게 하시니 일어나 네 자
리를 정돈하라 한대 곧 일어나니 35 룻다와 사론에 사는 사람들이 다 그를 보고 주께
로 돌아오니라 36 욥바에 다비다라 하는 여제자가 있으니 그 이름을 번역하면 도르
가라 선행과 구제하는 일이 심히 많더니 37 그때에 병들어 죽으매 시체를 씻어 다락
에 누이니라 38 룻다가 욥바에서 가까운지라 제자들이 베드로가 거기 있음을 듣고
두 사람을 보내어 지체 말고 와 달라고 간청하여 39 베드로가 일어나 그들과 함께 가
서 이르매 그들이 데리고 다락방에 올라가니 모든 과부가 베드로 곁에 서서 울며 도
르가가 그들과 함께 있을 때에 지은 속옷과 겉옷을 다 내보이거늘 40 베드로가 사람
을 다 내보내고 무릎을 꿇고 기도하고 돌이켜 시체를 향하여 이르되 다비다야 일어
나라 하니 그가 눈을 떠 베드로를 보고 일어나 앉는지라 41 베드로가 손을 내밀어 일
으키고 성도들과 과부들을 불러 들여 그가 살아난 것을 보이니 42 온 욥바 사람이 알
고 많은 사람이 주를 믿더라 43 베드로가 욥바에 여러 날 있어 시몬이라 하는 무두장
이의 집에서 머무니라

마음의 문을 열며

베드로는 사마리아를 방문한 다음 예루살렘으로 돌아가는 길에 여러 지방을 순회하면서 성도들을 위로하는 일을 하고 있었던 것 같다(8:25). 지금 그는 룻다라는 마을에 와 있다. 룻다는 사마리아 성과 예루살렘의 중간 지점으로 지중해 연안에서 13km 정도 떨어져 있었다. 거기서 성도들을 만난 다음 지중해 연안 항구인 욥바로 옮겨가는 것을 볼 수 있다. 베드로의 순회 여행은 성도들을 돌아보는 것 이상의 큰 의미를 지니고 있었다. 앞으로 우리는 그 사실을 발견하게 될 것이다. 이 시간에는 그가 룻다와 욥바 두 마을에서 한 일을 중심으로 은혜를 나누고자 한다.

말씀의 씨를 뿌리며

1 당시 교회의 지도자였던 베드로는 사마리아의 각 지역을 두루 여행하면서 성도들을 만나고 있었다. 그가 만난 성도들은 주로 누구였는가? 그리고 그는 왜 그들을 방문한 필요를 느꼈는가?(8:1, 참고 / 롬 1:11-12)

2 우리가 신앙생활을 건강하게 하려면 지도자와 지속적으로 만나 교제하는 일을 등한히 하거나 피하면 안 된다. 요즘들어 아무 간섭도 받지 않고 교회 다니기 원하는 사람들이 자꾸만 늘고 있다. 그들은 대개 교역자의 전화나 방문을 부담스럽게 생각하는 경향이 많다. 이것은 본인을 위해 매우 불행한 일이 아닐 수 없다. 양떼들은 목자와 자주 접해야 안전할 수 있기 때문이다. 당신은 평소 교회의 지도자와 어느 정도의 교제를 가지는가? 그리고 지도자와 교제를 나누는 데서 발견한 은혜가 있으면 이야기해 보라.

3 본문에서 믿는 자들을 '성도' 라고 부르는 것을 볼 수 있다. 이 명칭은 9장에서 처음 사용되고 있다(9:13, 32, 41). 그리고 서신서에서는 믿는 자들을 부르는 가장 일반적인 이름으로 통용되고 있다. 믿는 자를 성도라고 부르는 이유는 무엇인가? 그리고 이름에 걸맞게 살기 위해 우리가 한시도 잊지 않고 명심해야 할 것이 무엇인지 말해 보라(참고 / 사 43:1, 21; 롬 14:8).

4 베드로는 룻다에서 무슨 일을 하였는가?(33-34절)

5 욥바의 도르가는 어떤 은사를 특별히 받은 성도였는가?(36절)

6 도르가의 선행과 구제가 '심히 많았다' 고 하는 말씀을 보면서 당신은 무엇을 느낄 수 있는가? 그리고 가난한 이웃을 돕는 일에 어느 정도 동참하고 있는지 각자 자신을 돌아보는 시간을 갖도록 하자.

7 구제와 선행을 그토록 잘하던 도르가가 갑자기 세상을 떠났다. 베드로는 도르가의 죽음을 놓고 어떻게 하였는가?(39-41절)

8 베드로가 룻다와 욥바에서 행한 이적 기사는 분명한 목적이 있어서 주님이 허락하신 것이었다. 그 목적은 무엇인가?(35, 42절)

9 지금도 복음을 전하는 데 필요하다면 이런 이적 기사가 일어날 수 있다고 생각하는가? 당신이 직접 체험했거나 눈으로 목격한 사례가 있으면 말해 보라. 반대로 만일 지금은 그런 이적이 일어나지 않는다고 생각한다면 왜 그런지 말해 보라.

삶의 열매를 거두며

이적을 인정하든지 그렇지 않든지, 오늘도 복음이 힘있게 증거되어야 할 곳에 주의 능력의 손이 나타나기를 믿고 기도할 필요가 있다. 악령이 우글거리는 지방에서 예수만이 참 구원자요 참 하나님이심을 증거하려 할 때, 병을 고치고 귀신을 내어 쫓고 심지어 죽은 자를 살리는 역사가 일어난다면 하나님께 큰 영광을 돌릴 수 있을 것이다. 선교사를 위해 주의 능력이 그들과 함께하기를 이 시간 기도하자.

Lesson 23

유대와 이방의 벽을 허물다

사도행전 10:1-23a

1 가이사랴에 고넬료라 하는 사람이 있으니 이달리야 부대라 하는 군대의 백부장이
라 2 그가 경건하여 온 집안과 더불어 하나님을 경외하며 백성을 많이 구제하고 하
나님께 항상 기도하더니 3 하루는 제 구 시쯤 되어 환상 중에 밝히 보매 하나님의 사
자가 들어와 이르되 고넬료야 하니 4 고넬료가 주목하여 보고 두려워 이르되 주여
무슨 일이니이까 천사가 이르되 네 기도와 구제가 하나님 앞에 상달되어 기억하신
바가 되었으니 5 네가 지금 사람들을 욥바에 보내어 베드로라 하는 시몬을 청하라
6 그는 무두장이 시몬의 집에 유숙하니 그 집은 해변에 있다 하더라 7 마침 말하던
천사가 떠나매 고넬료가 집안 하인 둘과 부하 가운데 경건한 사람 하나를 불러 8 이
일을 다 이르고 욥바로 보내니라 9 이튿날 그들이 길을 가다가 그 성에 가까이 갔을
그때에 베드로가 기도하려고 지붕에 올라가니 그 시각은 제 육 시더라 10 그가 시장
하여 먹고자 하매 사람들이 준비할 때에 황홀한 중에 11 하늘이 열리며 한 그릇이 내
려오는 것을 보니 큰 보자기 같고 네 귀를 매어 땅에 드리웠더라 12 그 안에는 땅에
있는 각종 네 발 가진 짐승과 기는 것과 공중에 나는 것들이 있더라 13 또 소리가 있
으되 베드로야 일어나 잡아 먹어라 하거늘 14 베드로가 이르되 주여 그럴 수 없나이
다 속되고 깨끗하지 아니한 것을 내가 결코 먹지 아니하였나이다 한대 15 또 두 번째
소리가 있으되 하나님께서 깨끗하게 하신 것을 네가 속되다 하지 말라 하더라 16 이

런 일이 세 번 있은 후 그 그릇이 곧 하늘로 올려져 가니라 17 베드로가 본 바 환상이
무슨 뜻인지 속으로 의아해 하더니 마침 고넬료가 보낸 사람들이 시몬의 집을 찾아
문 밖에 서서 18 불러 묻되 베드로라 하는 시몬이 여기 유숙하느냐 하거늘 19 베드로
가 그 환상에 대하여 생각할 때에 성령께서 그에게 말씀하시되 두 사람이 너를 찾으
니 20 일어나 내려가 의심하지 말고 함께 가라 내가 그들을 보내었느니라 하시니
21 베드로가 내려가 그 사람들을 보고 이르되 내가 곧 너희가 찾는 사람인데 너희가
무슨 일로 왔느냐 22 그들이 대답하되 백부장 고넬료는 의인이요 하나님을 경외하는
사람이라 유대 온 족속이 칭찬하더니 그가 거룩한 천사의 지시를 받아 당신을 그 집
으로 청하여 말을 들으려 하느니라 한대 23 베드로가 불러 들여 유숙하게 하니라

마음의 문을 열며

우리가 배우려는 10장에는 기독교 역사상 전환점이 되는 의미 깊은 사건이 기록되어 있다. 유대인으로 구성된 예루살렘 교회의 대표였던 베드로가 이방 사람인 백부장 고넬료를 믿음의 형제로 받아들임으로써 유대인과 이방인이 그리스도 안에서 한 몸이 되는 새로운 시대의 문이 열리는 것을 볼 수 있다. 이 역사적인 일을 위해 성령은 베드로를 고넬료에게 보내시며, 동시에 고넬료가 복음을 들을 수 있도록 준비시킨다. 이 사실을 염두에 두고 성령이 베드로를 어떻게 고넬료에게 인도하고 계시는지를 주의 깊게 살펴보아야 할 것이다.

말씀의 씨를 뿌리며

1 성경은 고넬료를 어떻게 소개하고 있는가?(1-2절, 참고 / 22절)

2 백부장은 요즘으로 말하면 소대장에 해당된다. 하지만 로마 군대에서 이 직책을 가진 장교가 되려면 군인 중의 군인으로서 모든 자격을 구비하지 않으면 안 되었다. 당시 백부장들은 난폭하고 개인생활이 그다지 건전하지 못한 것이 일반적인 경향이었다. 그러나 고넬료는 특별한 인물이었다. 그는 경건하게 살기 위해 유대교로 개종하고, 할례를 받았을 뿐 아니라 성전예배에 참석하고 있었다. 그 당시만 해도 군인의 신분으로 고넬료처럼 행동하기는 매우 어려웠을 것이다. 로마 장교로서 하나님을 경외하고 구제에 힘쓰고 기도와 경건생활을 힘쓰려고 할 때 그가 감당해야 했던 십자가는 어떤 것이었다고 생각하는가?

3 고넬료는 환상 중에 천사한테서 무슨 말을 들었는가?(3-6절)

4 천사는 고넬료의 기도와 구제를 하나님이 기쁘게 받으셨다는 말을 하였다. 이것을 보고 고넬료가 이미 구원을 받은 사람이라는 성급한 결론을 내려서는 안 될 것이다. 그가 구원을 받았다면 구태여 베드로를 보내어 복음을 듣도록 할 필요가 어디에 있었겠는가?(행 11:14) 그러나 여기서 한 가지 확실한 점은 당시 유대교를 믿는 사람들 가운데서 고넬료처럼 경건생활에 힘쓴 자들은 하나님이 특별히 관심을 가지시고 복음을 듣게 하시고 구원받도록 각별히 인도하셨다는 사실이다(행 10:34-35). 우리는 에디오피아의 경건한 내시한테서도 똑같은 예를 찾을 수 있다. 반대로 말하면 구제와 기도와 같은 경건생활만으로는 구원을 얻을 수 없었기에 예수님을 믿게 하신 것이다. 고넬료에게 보내시기 전, 욥바에 머물고 있던 베드로에게 어떤 일이 있었는가?(9-16절)

5 베드로가 보자기 안에 있는 것들을 먹을 수 없다고 말한 이유는 무엇인가?(레 20:25-26, 참고 / 레 11장)

6 15절에 나오는 하나님의 답변은 대단히 중요한 말씀이다. 그 의미를 다음의 성구를 가지고 설명하라.

- 사도행전 10:28/
- 사도행전 11:18/
- 마태복음 15:11/

7 우리도 베드로처럼 은근한 차별의식이 남아 있지 않은지 살펴보자. 잘 살고 못 사는 것, 배우고 못 배운 것, 선하고 악한 것 등 여러 가지 조건을 내세워 우리 이웃을 가까이 하기도 하고 멀리 하기도 하며, 복음을 전하기도 하고 전하지 않기도 하는 잘못을 범하지 않는가?

8 하나님이 베드로에게 똑같은 내용의 환상을 세 번이나 반복해서 보여 주신 이유는 무엇인가? 그리고 당신은 이렇게 성령이 말씀하시는 것을 경험한 적은 없는가? 그때 당신은 어떻게 반응하였는가?(참고 / 창 41:32)

9 베드로가 자기가 본 환상이 무슨 뜻인지 몰라 생각에 빠져 있을 때 성령은 어떤 방식으로 그 의미를 깨닫게 하셨는가?(17-20절)

삶의 열매를 거두며

우리는 지금까지의 이야기를 통해 베드로와 고넬료를 만나도록 준비하시고 인도하신 분이 성령이심을 알았다. 두 사람이 각각 다른 장소에서 서로 다른 시간에 보고 들은 환상과 메시지는 한 분이신 성령이 주신 것이었다. 여기서 우리는 유대인과 이방인을 그리스도 안에서 하나 되게 하시고 더 나아가 전 우주 만물을 그리스도 안에서 통일시키려고 하시는 하나님의 소원이 얼마나 확실하고 강한지를 알 수 있다. 성령은 지금도 쉬지 않고 구원받아야 할 자들을 전도자에게 인도하신다. 그뿐 아니라 전도자들을 믿어야 할 자들에게 인도하고 계신다. 물론 베드로나 고넬료가 경험한 방법으로 성령의 인도하심을 받는 것은 극히 드문 일이다. 그렇다면 지금은 어떤 방법으로 성령께서 전도자와 믿을 자를 만나게 하시는가? 각자의 경험을 가지고 말해 보자. 그리고 성령은 지금 누구에게 가라고 당신에게 말씀하시는가?

Lesson 24

이방인 교회가 탄생하다

사도행전 10:23b-48

이튿날 일어나 그들과 함께 갈새 욥바에서 온 어떤 형제들도 함께 가니라 24 이튿날
가이사랴에 들어가니 고넬료가 그의 친척과 가까운 친구들을 모아 기다리더니 25 마
침 베드로가 들어올 때에 고넬료가 맞아 발 앞에 엎드리어 절하니 26 베드로가 일으
켜 이르되 일어서라 나도 사람이라 하고 27 더불어 말하며 들어가 여러 사람이 모인
것을 보고 28 이르되 유대인으로서 이방인과 교제하며 가까이 하는 것이 위법인 줄
은 너희도 알거니와 하나님께서 내게 지시하사 아무도 속되다 하거나 깨끗하지 않
다 하지 말라 하시기로 29 부름을 사양하지 아니하고 왔노라 묻노니 무슨 일로 나를
불렀느냐 30 고넬료가 이르되 내가 나흘 전 이맘때까지 내 집에서 제 구 시 기도를
하는데 갑자기 한 사람이 빛난 옷을 입고 내 앞에 서서 31 말하되 고넬료야 하나님이
네 기도를 들으시고 네 구제를 기억하셨으니 32 사람을 욥바에 보내어 베드로라 하
는 시몬을 청하라 그가 바닷가 무두장이 시몬의 집에 유숙하느니라 하시기로 33 내
가 곧 당신에게 사람을 보내었는데 오셨으니 잘하였나이다 이제 우리는 주께서 당
신에게 명하신 모든 것을 듣고자 하여 다 하나님 앞에 있나이다 34 베드로가 입을 열
어 말하되 내가 참으로 하나님은 사람의 외모를 보지 아니하시고 35 각 나라 중 하나
님을 경외하며 의를 행하는 사람은 다 받으시는 줄 깨달았도다 36 만유의 주 되신 예
수 그리스도로 말미암아 화평의 복음을 전하사 이스라엘 자손들에게 보내신 말씀

37 곧 요한이 그 세례를 반포한 후에 갈릴리에서 시작하여 온 유대에 두루 전파된 그
것을 너희도 알거니와 38 하나님이 나사렛 예수에게 성령과 능력을 기름 붓듯 하셨
으매 그가 두루 다니시며 선한 일을 행하시고 마귀에게 눌린 모든 사람을 고치셨으
니 이는 하나님이 함께 하셨음이라 39 우리는 유대인의 땅과 예루살렘에서 그가 행
하신 모든 일에 증인이라 그를 그들이 나무에 달아 죽였으나 40 하나님이 사흘 만에
다시 살리사 나타내시되 41 모든 백성에게 하신 것이 아니요 오직 미리 택하신 증인
곧 죽은 자 가운데서 부활하신 후 그를 모시고 음식을 먹은 우리에게 하신 것이라
42 우리에게 명하사 백성에게 전도하되 하나님이 살아 있는 자와 죽은 자의 재판장
으로 정하신 자가 곧 이 사람인 것을 증언하게 하셨고 43 그에 대하여 모든 선지자도
증언하되 그를 믿는 사람들이 다 그의 이름을 힘입어 죄 사함을 받는다 하였느니라
44 베드로가 이 말을 할 때에 성령이 말씀 듣는 모든 사람에게 내려오시니 45 베드로
와 함께 온 할례 받은 신자들이 이방인들에게도 성령 부어 주심으로 말미암아 놀라
니 46 이는 방언을 말하며 하나님 높임을 들음이러라 47 이에 베드로가 이르되 이 사
람들이 우리와 같이 성령을 받았으니 누가 능히 물로 세례 베풂을 금하리요 하고
48 명하여 예수 그리스도의 이름으로 세례를 베풀라 하니라 그들이 베드로에게 며칠
더 머물기를 청하니라

마음의 문을 열며

성령의 지시에 따라 고넬료의 가정을 방문한 베드로는 예수 그리스도의 복음을 전하였다. 그 결과 그 자리에서 말씀을 들은 사람들은 다 구원을 받았다. 드디어 이방인 교회가 탄생한 것이다. 원래 베드로는 주님으로부터 천국 열쇠를 받은 사람이다(마 16:19). 열쇠를 가진 사람은 항상 앞서가며 문을 여는 역할을 하게 된다. 이런 의미에서 베드로는 예루살렘에서 유대인을 위한 첫 교회의 문을 열어 놓았던 것이다. 그리고 이번에는 이방인 교회의 첫 문을 열어 놓고 있다.

말씀의 씨를 뿌리며

1 베드로가 도착하자 고넬료는 어떻게 그를 맞이하였는가? 그리고 베드로는 왜 그를 만류하였는가?(25-26절, 참고 / 행 14:11-15)

2 당신은 특별히 존경하는 훌륭한 영적 지도자를 보면 고넬료처럼 하는 경우가 없는가? 엎드려 절하는 것이 왜 문제가 된다고 생각하는가? 동양에서는 엎드려 절하는 것이 아름다운 예법이지만, 유대나라에서는 하나님께만 할 수 있는 일이라는 사실을 염두에 두고 생각해 보라.

3 베드로는 고넬료의 집에 도착했을 때 스스로 온 것이 아니라고 어떻게 변명하고 있는가?(28-29절)

4 베드로가 자기를 왜 불는지 물었을 때 고넬료는 어떻게 대답하였는가?(33절)

5 고넬료의 대답을 가지고 각자 자신을 한 번 되돌아볼 필요가 있다고 생각한다. 고넬료는 베드로를 하나님이 자기를 위해 보내신 사자라고 믿었고, 그가 반드시 하나님이 주신 메시지를 가지고 있을 것이라고 믿었다. 그러므로 자기가 해야 할 가장 중요한 일은 그 메시지를 귀담아 듣는 일이라고 믿었다. 당신은 어떤가? 설교를 듣거나 개인적인 상담을 하거나 성경말씀을 배울 때 우리의 영적 지도자를 향해 고넬료와 같은 믿음과 자세를 보이고 있는가?

6 베드로가 전한 말씀을 다음의 항목을 가지고 요약해 보라.

- 어떤 복음인가?(36절)
- 예수님은 무슨 일을 하셨는가?(38-41절)
- 예수님은 누구신가?(42-43절)

7 전도할 때 우리는 예수님이 우리의 구주 되심을 구체적으로 설명할 수 있어야 한다. 본문에는 베드로의 설교가 아주 간략하게 실려 있어서 다 알 수는 없지만, 실제로는 훨씬 긴 내용을 가지고 이야기했을 것이다. 베드로가 복음을 한참 전하고 있을 때 어떤 일이 일어났는가?(44, 46절)

8 고넬료의 집에서 일어난 성령의 역사는 오순절 날 예루살렘 다락방에서 있었던 것과 거의 흡사했다. 동시에 아주 대조적인 사실도 한 가지가 있다. 유사점과 대조점이 무엇인지 비교해 보라.

- 2장 4절, 10장 46절/
- 2장 11절, 10장 46절/
- 2장 38절, 10장 47-48절/

9 고넬료의 집에서 시작된 가이사랴 교회에 예루살렘 교회와 똑같은 형태로 주님이 성령을 부어주신 이유는 어디에 있을까? 하나님은 유대인과 이방인을 차별하지 않고 구원하기를 원하신다는 것을 분명히 하기 위해서였다고 할 수 있다. 이 사실을 베드로와 그의 동행자들은 어떻게 증명하고 있는가?(45-47절)

삶의 열매를 거두며

성령은 말씀을 귀담아 듣는 시간에 어느 때보다 더 힘있게 임하시고 역사하신다는 사실을 고넬료의 경우를 통해 배우게 된다. 그럼에도 불구하고 우리는 말씀을 듣는 시간에 집중하지 않고 앉아 있거나 졸 때가 있다. 어떤 사람들은 말씀 듣는 일은 등한히 하고 성령 받는 것에만 안달하는 것을 볼 수 있다. 우리가 성령의 영감을 강하게 느끼지 못하거나 성령의 충만을 체험하지 못하는 원인 가운데 하나는 말씀을 듣거나 읽는 우리의 마음 자세에 문제가 있기 때문일 수 있다. 이에 대해 각자의 심정을 이야기해 보라.

Lesson 25

교회가 말씀에 순종하다

사도행전 11:1-18

1 유대에 있는 사도들과 형제들이 이방인들도 하나님의 말씀을 받았다 함을 들었더
니 2 베드로가 예루살렘에 올라갔을 때에 할례자들이 비난하여 3 이르되 네가 무할
례자의 집에 들어가 함께 먹었다 하니 4 베드로가 그들에게 이 일을 차례로 설명하
여 5 이르되 내가 욥바 시에서 기도할 때에 황홀한 중에 환상을 보니 큰 보자기 같은
그릇이 네 귀에 매어 하늘로부터 내리어 내 앞에까지 드리워지거늘 6 이것을 주목하
여 보니 땅에 네 발 가진 것과 들짐승과 기는 것과 공중에 나는 것들이 보이더라 7 또
들으니 소리 있어 내게 이르되 베드로야 일어나 잡아 먹으라 하거늘 8 내가 이르되
주님 그럴 수 없나이다 속되거나 깨끗하지 아니한 것은 결코 내 입에 들어간 일이 없
나이다 하니 9 또 하늘로부터 두 번째 소리 있어 내게 이르되 하나님이 깨끗하게 하
신 것을 네가 속되다고 하지 말라 하더라 10 이런 일이 세 번 있은 후에 모든 것이 다
시 하늘로 끌려 올라가더라 11 마침 세 사람이 내가 유숙한 집 앞에 서 있으니 가이
사랴에서 내게로 보낸 사람이라 12 성령이 내게 명하사 아무 의심 말고 함께 가라 하
시매 이 여섯 형제도 나와 함께 가서 그 사람의 집에 들어가니 13 그가 우리에게 말
하기를 천사가 내 집에 서서 말하되 네가 사람을 욥바에 보내어 베드로라 하는 시몬
을 청하라 14 그가 너와 네 온 집이 구원 받을 말씀을 네게 이르리라 함을 보았다 하
거늘 15 내가 말을 시작할 때에 성령이 그들에게 임하시기를 처음 우리에게 하신 것

과 같이 하는지라 16 내가 주의 말씀에 요한은 물로 세례를 베풀었으나 너희는 성령
으로 세례를 받으리라 하신 것이 생각났노라 17 그런즉 하나님이 우리가 주 예수 그
리스도를 믿을 때에 주신 것과 같은 선물을 그들에게도 주셨으니 내가 누구이기에
하나님을 능히 막겠느냐 하더라 18 그들이 이 말을 듣고 잠잠하여 하나님께 영광을
돌려 이르되 그러면 하나님께서 이방인에게도 생명 얻는 회개를 주셨도다 하니라

마음의 문을 열며

고넬료의 가정을 구원한 베드로가 예루살렘으로 돌아오자 그에게 어려운 문제가 기다리고 있었다. 이 시간 우리는 그가 직면한 문제가 무엇이었는지를 배우게 될 것이다. 그리고 열두 사도 가운데 수석의 자리에 있었던 그가 자기를 오해하고 있는 형제들을 어떻게 이해시키는지를 주목하게 될 것이다. 그러나 무엇보다도 예루살렘 교회가 한마음으로 순종할 수 있었던 최고의 권위가 무엇이었는지를 배워야 할 것이다.

말씀의 씨를 뿌리며

1 베드로가 오기 전 유대에 있는 사도들과 형제들은 무슨 소문을 들었는가? 그리고 베드로를 보자 그들은 무엇을 가지고 비난하기 시작했는가?(1-3절)

2 왜 이방인과 함께 식사를 한 것이 비난거리가 되었는가? 그리고 고넬료 가정에서 있었던 일이 왜 그들에게 그렇게 심각한 도전으로 다가왔는가?(1, 18절, 참고 / 행 10:28; 갈 2:12-13)

3 제자들은 예수님에게서 복음이 온 세상에 전파되어야 하고 하나님은 유대인만 아니라 이방인까지 구원하시기를 원하신다는 말씀을 수차례나 들었던 사람들이었다. 그리고 성령을 받으면 땅 끝까지 나가서 복음을 전해야 한다는 사실도 알고 있었다. 그럼에도 불구하고 막상 이방인인 고넬료 집안이 구원을 받았다는 소식을 듣자 일어나지 말아야 할 일이 터진 것처럼 화를 내고 흥분하고 있다. 틀림없이 제자들은 주님의 말

씀을 무심코 들었거나 아니면 주님이 뭐라고 하시든 마음으로 자기의 고집을 꺾지 않고 있었던 것 같다. 당신은 어떤가? 말씀을 많이 듣고 배우나 결국은 자신의 생각이나 고집이 살아 있는 사람이 아닌가? 솔직한 심정으로 이야기해 보라(참고 / 마 28:18-20; 막 16:15; 행 1:8).

4 자기를 비난하는 사람들에게 베드로는 어떻게 하였는가?(4절)

5 베드로는 예루살렘에서 가장 권위 있는 지도자였다. 자기의 권위를 가지고 "내가 알아서 한 일인데 무슨 말이 그렇게 많으냐?"는 식으로 얼마든지 처리할 수도 있었다. 그러나 그렇게 하지 않고 자초지종을 자세히 설명하고 있는 그의 자세에서 우리가 배워야 할 덕이 무엇이라고 생각하는가?

6 베드로는 성령의 지시로 고넬료의 집으로 갈 때 여섯 명의 형제들을 데리고 갔다(12절). 이방인의 집에 들어가 함께 먹고 마셨다는 것을 가지고 비난하는 사람들을 볼 때, 그가 혼자 가지 않은 것이 얼마나 지혜로운 처사였는지를 알 수 있다. 아무리 옳은 일이라도 그것을 증거할 수 있는

증인이 없어서 억울한 소리를 듣는 경우가 허다한 세상이기 때문이다. 우리가 교회 안에서 봉사를 할 때 혼자 하다가 잘못하면 오해나 비난을 받을 소지가 있다고 생각되는 일이 무엇인지 한 가지만 예를 들어 보라.

7 베드로의 변명 중 가장 중요한 핵심은 17절에 기록되어 있다. 여기서 베드로가 솔직하게 인정한 사실은 무엇이며, 그것을 통해 확신하게 된 진리는 무엇인가?(참고 / 행 2:17; 딤전 2:4)

8 똑같은 성령을 선물로 받았다는 것은 구원에 있어서 차별이 없다는 것을 의미한다. 무식한 자나 유식한 자나, 가난한 자나 부유한 자나 믿을 때 받는 성령은 모두 똑같다. 이런 의미에서 우리 모두는 평등하다. 그럼에도 불구하고 종종 겉모습을 가지고 교회 안의 사람들을 구별하는 사람들이 있다. 우리 안에는 이런 모습이 없는지 솔직하게 이야기해 보자.

9 베드로의 설명을 전부 들은 후 사람들은 하나같이 입을 다물고 말았다. 그리고 하나님께 찬양을 돌렸다. 그들이 그렇게 한 이유를 설명해 보라 (참고/ 롬 10:12-13; 욥 42:1-4).

삶의 열매를 거두며

하나님의 말씀은 최고의 권위가 있다. 베드로의 말을 통해 하나님의 뜻이 어디에 있는지를 발견한 그들은 모두가 잠잠해지고 말았다. 자신의 생각을 꺾고 하나님의 말씀에 승복한 것이다. 인간의 의견이나 주장은 그 내용이 무엇이든 간에 하나님의 말씀 앞에서 최종적인 판단을 받아야 한다. 그리고 자기의 생각이 하나님의 말씀과 다르면 무조건 승복해야 한다. 예루살렘 교회 성도들이 위대한 신앙인이었다는 사실은 바로 그들의 입을 다물었다는 것에서 증명된다. 그들은 하나님의 권위를 인정하고 받아들이는 데 조금도 주저하지 않았다. 이들의 자세는 신앙인으로서 우리가 반드시 배워야 할 자세이다. 혹시 과거에 교회 안에서 자기의 주장을 강하게 내세우다가 하나님의 뜻과 거리가 멀다는 것을 깨달은 즉시 그 주장을 철회하고 복종한 경험이 있으면 이야기해 보라.

Lesson 26

안디옥 교회가 세워지다

사도행전 11:19-30

19 그때에 스데반의 일로 일어난 환난으로 말미암아 흩어진 자들이 베니게와 구브로
와 안디옥까지 이르러 유대인에게만 말씀을 전하는데 20 그 중에 구브로와 구레네
몇 사람이 안디옥에 이르러 헬라인에게도 말하여 주 예수를 전파하니 21 주의 손이
그들과 함께 하시매 수많은 사람들이 믿고 주께 돌아오더라 22 예루살렘 교회가 이
사람들의 소문을 듣고 바나바를 안디옥까지 보내니 23 그가 이르러 하나님의 은혜를
보고 기뻐하여 모든 사람에게 굳건한 마음으로 주와 함께 머물러 있으라 권하니
24 바나바는 착한 사람이요 성령과 믿음이 충만한 사람이라 이에 큰 무리가 주께 더
하여지더라 25 바나바가 사울을 찾으러 다소에 가서 26 만나매 안디옥에 데리고 와
서 둘이 교회에 일 년간 모여 있어 큰 무리를 가르쳤고 제자들이 안디옥에서 비로소
그리스도인이라 일컬음을 받게 되었더라 27 그때에 선지자들이 예루살렘에서 안디
옥에 이르니 28 그 중에 아가보라 하는 한 사람이 일어나 성령으로 말하되 천하에 큰
흉년이 들리라 하더니 글라우디오 때에 그렇게 되니라 29 제자들이 각각 그 힘대로
유대에 사는 형제들에게 부조를 보내기로 작정하고 30 이를 실행하여 바나바와 사울
의 손으로 장로들에게 보내니라

마음의 문을 열며

한동안 예수 그리스도를 유대인만을 위한 구원자로 생각하던 사람들은 자신의 잘못을 깨닫고 이방 사람을 전도하기 시작하였다. 그런데 놀랍게도 이 일에 선구자처럼 뛰어든 자들은 이름도 없고 빛도 없는 몇 명의 평신도였다. 성령은 성경에 그 이름조차 기록되지 않은 평범한 이들의 입을 빌려 땅 끝까지 복음을 전하기 위한 문을 열어 놓으셨다. 그 결과 성경에서 가장 모범적인 교회 중 하나로 알려진 안디옥 교회가 탄생하게 되었다. 지금부터 그 과정을 공부해 보자.

말씀의 씨를 뿌리며

1 스데반의 순교로 인해 일어난 환난을 피해 사방으로 흩어진 성도들은 주로 자기 동족인 유대인들을 대상으로 복음을 전하고 있었다. 그런데 기독교 선교 역사상 획기적인 사건으로 기록될 만한 사건이 안디옥에서 일어났다. 구브로와 구레네 지방 출신인 유대인 성도 몇 명이 용단을 내려 새로운 선교전략을 세우고 행동으로 옮기기 시작했던 것이다. 그들이 한 일은 무엇이었나?(20절)

2 당시 세계에서 세 번째로 큰 도시였던 안디옥은 자유 도시로서, 시리아 지방의 행정 중심지였다. 자유 도시로 별다른 제제가 없었기에 어느 지방 사람이건 자유롭게 이주해서 살 수 있었다. 당시 유명한 유대인 촌이 그 도시에 형성될 수 있었던 이유도 이 때문이었다. 그러나 안디옥의 주민 가운데 대다수는 이방 사람들이었다. 그들을 내버려 두고 소수의 유대인만 구원을 받는다면 하나님이 기뻐하지 않으실 것이라는 자각이 몇몇 사람들의 가슴속에서 일어나기 시작했다. 그들은 예수 그리스도가 유대인만 아니라 안디옥에 사는 수많은 이방인의 구원자도 되신다는 것을 믿었다. 그들이 이러한 확신을 가지고 이방인에게 복음을 전하자 그들의 생각이 옳았다는 것을 주님은 어떻게 증명해 보이셨는가?(21절)

3 이방인에게 본격적으로 복음을 전하는 일이 이름 없는 몇 명의 평신도를 통해 시작되었다는 사실을 놓고 각자가 느끼는 바를 말해 보라.

4 예루살렘 교회 지도자들도 얼마 전까지만 해도 이방인 전도를 거부했다. 하지만 고넬료 가정의 사건으로 인해 그들의 태도가 달라졌다. 안디옥에서 일어난 일들에 대한 소문을 듣고, 바나바를 보낸 것이다. 바나바가 안디옥 교회의 지도자가 되면서 교회는 기하급수적으로 부흥하기 시작하였다. 훌륭한 지도자를 만났기 때문이었다. 바나나는 영적 지도자가 갖추어야 할 가장 기본적이고 중요한 자격을 구비하고 있었다. 그 자격은 무엇인가?(24절)

5 교회가 급성장하면서 바나바는 자신의 역부족을 느꼈다. 그래서 어떻게 하였는가? (25-26절)

6 아래의 글은 바나바의 위대한 점이 무엇인지를 잘 보여 준다. 당신의 교회에도 당시 바나바가 펼쳤던 멋진 팀 사역을 볼 수 있는가?

바나바는 정말 위대한 인격자요 지도자였다. 일반적으로 교회가 성장하면 지도자들이 자신의 한계점을 인정하는 겸손을 가지기보다 자신의 우월감을 과시하려는 경향을 보이기 쉽다. 그래서 자신만이 그 교회의 유일한 지도자인 것처럼 군림하려고 한다. 그러나 바나바는 전혀 다른 유형의 지도자였다. 그는 자신의 부족한 점을 솔직히 시인하였다. 다른 사람의 도움이 절실히 필요하다는 사실을 감추려 하지 않았다. 교회를 위해서라면 어떤 대가를 지불해서라도 좋은 인재를 찾으려고 했다. 사울이 자기 고향 다소로 돌아간 지 이미 수년이 흘렀고 그 후 소식을 듣지 못하고 있었다. 사울은 그곳에서 가문으로부터 쫓겨 났고 유대인으로부터 혹독한 핍박을 당한 것으로 알려져 있다(고후 11:23 이하). 그러므로 그를 찾는다는 것은 대단한 수고와 고생을 각오하지 않으면 안 되는 일이었다. 25절의 '찾으러' 라는 단어는 어디 있는지 잘 모르는 자를 여기저기 수소문하면서 헤매는 것을 의미한다. 바나바는 이런 어려움을 각오하고 그를 찾으러 갔던 것이다. 드디어 사울을 찾아 둘이 한마음이 되어 교회를 가르치기 시작하였다. 지도자들이 한마음 되어 교회 섬기는 것을 보는 것은 참으로 은혜스러운 일이 아닐 수 없다.

7 **예수 믿는 사람들은 제자로 불리고 있었다. 그러나 안디옥 교회의 신자들을 보고 당시 사람들은 새로운 별명으로 부르기 시작하였다. 그 별명이 무엇이며 그 의미에 대해 생각해 보라(26절).**

8 초대교회에서는 구약시대처럼 선지자로 부름 받은 소수의 사람들이 있었다. 그들이 하는 중요한 일은 특별한 계시를 통해 하나님의 뜻을 미리 알고 예언하는 일이었다. 안디옥에서는 누가 무슨 예언을 했는가?(27, 28절)

9 예언의 진실성은 그 예언의 성취 여부에 있다. 아가보의 예언은 그대로 맞아 떨어졌다. 성경이 아닌 다른 역사자료를 보면 글라우디오 황제가 다스리던 주후 41-54년 기간에는 극심한 흉년이 잇달아 찾아와서 소아시아 지역이 큰 피해를 입었다. 기근으로 고통 받는 교회를 위해 안디옥 교회는 무엇을 하였는가?(29-30절)

삶의 열매를 거두며

'제자들이 각각 그 힘대로 부조를 보내기로 작정하고 실행하였다' 는 말씀을 마음에 담고 묵상해 보라. 우리는 얼마만큼 이웃의 고통에 동참하고 있는가? 지금 세계 도처에는 기근으로 죽어가는 사람들이 1분에 24명이라고 한다. 당신이 그들을 위해 구체적으로 할 일은 무엇인가?

Lesson 27

핍박의 칼날이 부러지다

사도행전 12:1-25

1 그때에 헤롯 왕이 손을 들어 교회 중에서 몇 사람을 해하려 하여 2 요한의 형제 야
고보를 칼로 죽이니 3 유대인들이 이 일을 기뻐하는 것을 보고 베드로도 잡으려 할
새 때는 무교절 기간이라 4 잡으매 옥에 가두어 군인 넷씩인 네 패에게 맡겨 지키고
유월절 후에 백성 앞에 끌어 내고자 하더라 5 이에 베드로는 옥에 갇혔고 교회는 그
를 위하여 간절히 하나님께 기도하더라 6 헤롯이 잡아 내려고 하는 그 전날 밤에 베
드로가 두 군인 틈에서 두 쇠사슬에 매여 누워 자는데 파수꾼들이 문 밖에서 옥을 지
키더니 7 홀연히 주의 사자가 나타나매 옥중에 광채가 빛나며 또 베드로의 옆구리를
쳐 깨워 이르되 급히 일어나라 하니 쇠사슬이 그 손에서 벗어지더라 8 천사가 이르
되 띠를 띠고 신을 신으라 하거늘 베드로가 그대로 하니 천사가 또 이르되 겉옷을 입
고 따라오라 한대 9 베드로가 나와서 따라갈새 천사가 하는 것이 생시인 줄 알지 못
하고 환상을 보는가 하니라 10 이에 첫째와 둘째 파수를 지나 시내로 통한 쇠문에 이
르니 문이 저절로 열리는지라 나와서 한 거리를 지나매 천사가 곧 떠나더라 11 이에
베드로가 정신이 들어 이르되 내가 이제야 참으로 주께서 그의 천사를 보내어 나를
헤롯의 손과 유대 백성의 모든 기대에서 벗어나게 하신 줄 알겠노라 하여 12 깨닫고
마가라 하는 요한의 어머니 마리아의 집에 가니 여러 사람이 거기에 모여 기도하고
있더라 13 베드로가 대문을 두드린대 로데라 하는 여자 아이가 영접하러 나왔다가

14 베드로의 음성인 줄 알고 기뻐하여 문을 미처 열지 못하고 달려 들어가 말하되 베
드로가 대문 밖에 섰더라 하니 15 그들이 말하되 네가 미쳤다 하나 여자 아이는 힘써
말하되 참말이라 하니 그들이 말하되 그러면 그의 천사라 하더라 16 베드로가 문 두
드리기를 그치지 아니하니 그들이 문을 열어 베드로를 보고 놀라는지라 17 베드로가
그들에게 손짓하여 조용하게 하고 주께서 자기를 이끌어 옥에서 나오게 하던 일을
말하고 또 야고보와 형제들에게 이 말을 전하라 하고 떠나 다른 곳으로 가니라 18 날
이 새매 군인들은 베드로가 어떻게 되었는지 알지 못하여 적지 않게 소동하니 19 헤
롯이 그를 찾아도 보지 못하매 파수꾼들을 심문하고 죽이라 명하니라 헤롯이 유대
를 떠나 가이사랴로 내려가서 머무니라 20 헤롯이 두로와 시돈 사람들을 대단히 노
여워하니 그들의 지방이 왕국에서 나는 양식을 먹는 까닭에 한마음으로 그에게 나
아와 왕의 침소 맡은 신하 블라스도를 설득하여 화목하기를 청한지라 21 헤롯이 날
을 택하여 왕복을 입고 단상에 앉아 백성에게 연설하니 22 백성들이 크게 부르되 이
것은 신의 소리요 사람의 소리가 아니라 하거늘 23 헤롯이 영광을 하나님께로 돌리
지 아니하므로 주의 사자가 곧 치니 벌레에게 먹혀 죽으니라 24 하나님의 말씀은 흥
왕하여 더하더라 25 바나바와 사울이 부조하는 일을 마치고 마가라 하는 요한을 데
리고 예루살렘에서 돌아오니라

마음의 문을 열며

12장에서는 헤롯이 새삼스럽게 예루살렘 교회를 핍박하다가 결국 자신이 망하게 되는 이야기가 기록되어 있다. 비록 사도 야고보가 그의 손에 순교를 당하지만 그 일로 복음은 불꽃처럼 사방으로 번지며 교회는 날로 부흥하게 된다. 좀 긴 본문이지만, 하나님이 우리를 위해 준비하신 생명의 양식을 사모하는 마음으로 진리를 발견해 보자.

말씀의 씨를 뿌리며

1 본문에 등장하는 헤롯 왕은 아그립바 1세(주후 41-44)를 가리킨다. 그는 무슨 일을 행했는가?(1-2절)

2 형제였던 야고보와 요한은 대조적인, 하지만 동일한 생을 살았다. 아래의 글을 읽고 각자의 생각을 말해 보자.

야고보는 12사도 가운데 최초로 순교자가 되는 영광을 누리게 되었다. 주님께서 왜 어떤 종은 빨리 데려 가시고 어떤 종은 오래 남겨 두시는지 그렇게 하시는 기준이 어디 있는지 우리는 잘 알 수 없다. 주인 되신 그분은 자신의 종들을 마음대로 다루실 권리가 있기 때문이다. 따라서 어떤 결정을 내리든 우리는 감사하고 순종해야 할 것이다. 마태복음 20장 20-24절을 읽어 보라. 그때 야고보와 요한은 예수님이 마셔야 했던 십자가의 잔을 자기들도 마실 수 있다고 장담했는데 야고보는 사도 중 첫 순교자가 됨으로 자신이 말한 대로 되었다고 할 수 있다. 동시에 똑같은 말을 했던 요한은 사도 중 최장수를 하였다. 하지만 그 역시 주님이 지신 십자가의 잔을 마신 사람이 되었다. 주를 위해 일찍 죽는 것이나 주를 위해 긴긴 세월을 살면서 십자가를 지는 일이나 모두가 주님의 잔을 마시는 일인 것이다.

3 당시에는 예수 그리스도를 믿고 성령 충만을 받았지만 근본적인 사상이 바뀌지 않은 유대인 신자들이 있었다. 아래의 글을 읽고 당신에게는 비슷한 문제가 없는지 점검해 보자.

헤롯이 야고보를 죽이자 유대인들이 좋아했다고 한다. 이 유대인들은 물론 불신자들을 가리키는 것이다. 하지만 이미 예루살렘은 상당수의 주민이 예수를 믿고 있었기 때문에 꼭 믿지 않는 유대인만 그랬다고 보기는 어렵다. 그렇다면 믿는 자들이 그들의 지도자인 야고보가 죽는 것을 기뻐했다는 말인가? 베드로가 고넬료의 집을 방문하고 온 다음 사도들을 위시하여 교회 지도자들은 이방인 전도에 관심을 가지기 시작하였으며 예수 믿고 돌아오는 이방인에 대해 매우 관대한 태도를 보였다. 이에 대해 자기 민족만 선택받았다는 선민 사상에 깊이 젖어있던 상당수의 유대인들은 비록 예수를 믿었다 해도 이방인을 대하는 태도에는 변화가 없었다. 그래서 그들은 교회 지도자층의 태도 변화에 대해 불만을 품고 있었다. 헤롯이 이들의 불만을 이용하여 날로 확산되는 교회의 영향력을 꺾어 놓으려고 야고보에게 손을 대었을 것이라는 견해가 있는데 매우 설득력 있게 들린다. 이 말이 맞다면 이방인을 용납하기 싫어한 유대인 신자들까지 야고보의 죽음을 은근히 찬성했다고 볼 수 있다. 예수 믿고 성령충만을 받아도 근본적인 사상이 바뀌지 않고 있는 것이다.

4 유대인들이 좋아하자 헤롯은 두 번째로 누구에게 어떤 일을 행했는가?(3-4절)

5 교회 지도자가 어려움을 만나면 교회가 심각한 위기에 처하는 것이 일반적인 현상이다. 이 사실을 잘 아는 사탄은 항상 지도자를 먼저 공격한다. 베드로의 생명이 위협받는 상황에 처하게 되자 교회는 무엇을 하였는가?(5절)

6 교회에 속한 성도들은 쉬지 말고 지도자를 위해 기도해야 한다. 당시 예루살렘 교회는 시시하게 기도한 것이 아니었다. 수십 수백 개의 가정에 끼리끼리 모여 합심해서 온 힘을 다 쏟아 기도했다. 교회 지도자들을 위해 어떻게 기도하고 있는지 각자 구체적으로 말해 보라. 그리고 그 기도가 응답 받은 일이 있으면 말하라.

7 베드로는 사형 전날 밤이었지만 그 마음이 너무나 평온하였다. 무엇을 보고 알 수 있는가? 그리고 하나님은 교회의 기도를 들으시고 베드로를 어떻게 구원하셨는가?(6-7절)

8 마가 요한의 어머니와 그의 집에 대해서 아는 것을 말해 보라(12절, 참고 / 눅 22:11-13; 행 1:13, 12:25; 골 4:10).

9 헤롯의 종말은 어떻게 찾아 왔는가?(20-23절)

삶의 열매를 거두며

교회를 핍박하던 헤롯은 비참한 최후를 맞고 말았다. 하지만 하나님의 말씀은 어떻게 되었는가? 그리고 이 사실을 가지고 당신은 무엇을 확신할 수 있는가?(23-24절, 참고 / 벧전 1:24-25)

Lesson 28

첫 선교사를 파송하다

사도행전 13:1-12

1 안디옥 교회에 선지자들과 교사들이 있으니 곧 바나바와 니게르라 하는 시므온과
구레네 사람 루기오와 분봉 왕 헤롯의 젖동생 마나엔과 및 사울이라 2 주를 섬겨 금
식할 때에 성령이 이르시되 내가 불러 시키는 일을 위하여 바나바와 사울을 따로 세
우라 하시니 3 이에 금식하며 기도하고 두 사람에게 안수하여 보내니라 4 두 사람이
성령의 보내심을 받아 실루기아에 내려가 거기서 배 타고 구브로에 가서 5 살라미에
이르러 하나님의 말씀을 유대인의 여러 회당에서 전할새 요한을 수행원으로 두었더
라 6 온 섬 가운데로 지나서 바보에 이르러 바예수라 하는 유대인 거짓 선지자인 마
술사를 만나니 7 그가 총독 서기오 바울과 함께 있으니 서기오 바울은 지혜 있는 사
람이라 바나바와 사울을 불러 하나님의 말씀을 듣고자 하더라 8 이 마술사 엘루마는
(이 이름을 번역하면 마술사라) 그들을 대적하여 총독으로 믿지 못하게 힘쓰니 9 바
울이라고 하는 사울이 성령이 충만하여 그를 주목하고 10 이르되 모든 거짓과 악행
이 가득한 자요 마귀의 자식이요 모든 의의 원수여 주의 바른 길을 굽게 하기를 그치
지 아니하겠느냐 11 보라 이제 주의 손이 네 위에 있으니 네가 맹인이 되어 얼마 동안
해를 보지 못하리라 하니 즉시 안개와 어둠이 그를 덮어 인도할 사람을 두루 구하는
지라 12 이에 총독이 그렇게 된 것을 보고 믿으며 주의 가르치심을 놀랍게 여기니라

마음의 문을 열며

안디옥 교회는 땅 끝까지 복음을 전하라는 주님의 명령에 순종하기 위해 가장 유능한 교회 지도자 두 사람을 선교사로 파송한다. 이것은 세계 역사의 흐름을 완전히 바꾸어 놓는 독보적인 사건이라 할 수 있다. 그때부터 불과 3백 년이 못 되어 로마제국이 기독교를 공식적으로 인정하게 되었기 때문이다. 두 선교사의 파송은 안디옥 구석에서 일어난 사소한 일이었고 그 시작은 초라해 보였다. 하지만 결국 지금처럼 세계를 예수 그리스도로 가득 채우게 만드는 계기가 되었던 것이다.

말씀의 씨를 뿌리며

1 안디옥 교회에는 어떤 지도자들이 있었는가? 그리고 그들이 금식하는 동안 성령께서 어떤 명령을 주셨는가?(1-2절)

2 교회는 성령의 지시에 따라 어떻게 순종하였는가?(3절)

3 안디옥 교회가 바나바와 사울을 기독교 역사상 최초의 공식적인 선교사로 파송한 사실을 통해 우리는 매우 중요한 교훈을 배우게 된다. 당시 안디옥 교회는 아직 어린 신자들이 주를 이루고 있었다. 그들을 위해 바나바와 사울은 한시도 없어서는 안 될 목자요, 선생이었다. 그러나 성령은 여러 지도자들 가운데 두 사람을 보내라고 하셨다. 즉, 가장 유능한 사람을 선교사로 보내라고 하신 것이다. 만일 주님이 우리 교회에 똑같은 명령을, 또한 당신의 자녀 중 가장 똑똑한 아이를 선교사로 보내라고 한다면 순종할 수 있겠는가?

4 본문은 두 선교사를 보내신 분이 다름 아닌 하나님이심을 강한 어조로 말씀하고 있다. 어떤 면에서 그런지, 그리고 왜 이렇게 말씀하셨는지 말해 보라(2, 4절, 참고 / 행 1:8; 렘 1:4-5).

5 안디옥 교회가 선교사를 파송할 때에는 예수님이 승천하시면서 '모든 족속으로 제자를 삼으라' 고 명령하신 후 16년 가까이 지난 다음이었다. 이 기간은 예루살렘과 유대와 사마리아를 복음화하고 바울과 같은 이방 선교의 영웅을 준비하는 시간이기도 했다. 파송 받은 두 선교사가 찾아간 지역은 어디였는가? 그리고 그곳에서는 어떤 일이 일어났는가?(4-8절)

6 엘루마는 마술사였다. 그는 남까지 믿지 못하도록 방해하였다. 이 같은 행동은 매우 악한 마귀의 짓이라고 할 수 있다. 바울이 어떻게 그를 통해 대적하는 마귀의 역사를 꺾어 놓았는가?(10-12절)

7 우리 주변을 보면 자기도 믿지 않고 다른 사람까지 믿지 못하도록 방해하는 자들이 있다. 당신이 이런 행동을 직접 해본 경험이 있는가? 아니면 그런 행동을 하는 가까운 사람으로 인해 예수를 믿는 데 어려움을 당한 일이 있었는가?

8 9절을 유의해서 보면 사울에 대해 특이한 사실 한 가지를 발견할 수 있다. 그것은 무엇인가?

9 총독은 그 지방에서 가장 높은 자리에 있던 사람이다. 두 선교사가 그를 먼저 찾아가 전도하였다는 사실을 놓고 당신이 깨달을 수 있는 진리가 있으면 말해 보라.

삶의 열매를 거두며

바울과 바나바의 전도를 받은 총독은 전도의 첫 열매가 되었다. 우리는 전도할 때 세상적으로 말해 성공한 사람들을 기피하는 경향은 없는가? 그가 예수 믿는 것을 보고 두 선교사가 얼마나 감격했을지는 전도를 해본 사람이라면 쉽게 공감할 수 있을 것이다. 각자 자기가 전도해서 얻은 첫 열매는 누구인지, 그리고 그가 지금 어디에서 어떻게 신앙생활을 하고 있는지 말해 보라.

Lesson 29

유대인에겐 유대인의 것으로

사도행전 13:13-41

13 바울과 및 동행하는 사람들이 바보에서 배 타고 밤빌리아에 있는 버가에 이르니
요한은 그들에게서 떠나 예루살렘으로 돌아가고 14 그들은 버가에서 더 나아가 비시
디아 안디옥에 이르러 안식일에 회당에 들어가 앉으니라 15 율법과 선지자의 글을
읽은 후에 회당장들이 사람을 보내어 물어 이르되 형제들아 만일 백성을 권할 말이
있거든 말하라 하니 16 바울이 일어나 손짓하며 말하되 이스라엘 사람들과 및 하나
님을 경외하는 사람들아 들으라 17 이 이스라엘 백성의 하나님이 우리 조상들을 택
하시고 애굽 땅에서 나그네 된 그 백성을 높여 큰 권능으로 인도하여 내사 18 광야에
서 약 사십 년간 그들의 소행을 참으시고 19 가나안 땅 일곱 족속을 멸하사 그 땅을
기업으로 주시기까지 약 사백오십 년간이라 20 그 후에 선지자 사무엘 때까지 사사
를 주셨더니 21 그 후에 그들이 왕을 구하거늘 하나님이 베냐민 지파 사람 기스의 아
들 사울을 사십 년간 주셨다가 22 폐하시고 다윗을 왕으로 세우시고 증언하여 이르
시되 내가 이새의 아들 다윗을 만나니 내 마음에 맞는 사람이라 내 뜻을 다 이루리라
하시더니 23 하나님이 약속하신 대로 이 사람의 후손에서 이스라엘을 위하여 구주를
세우셨으니 곧 예수라 24 그가 오시기에 앞서 요한이 먼저 회개의 세례를 이스라엘
모든 백성에게 전파하니라 25 요한이 그 달려갈 길을 마칠 때에 말하되 너희가 나를
누구로 생각하느냐 나는 그리스도가 아니라 내 뒤에 오시는 이가 있으니 나는 그 발

의 신발끈을 풀기도 감당하지 못하리라 하였으니 26 형제들아 아브라함의 후손과 너
희 중 하나님을 경외하는 사람들아 이 구원의 말씀을 우리에게 보내셨거늘 27 예루
살렘에 사는 자들과 그들 관리들이 예수와 및 안식일마다 외우는 바 선지자들의 말
을 알지 못하므로 예수를 정죄하여 선지자들의 말을 응하게 하였도다 28 죽일 죄를
하나도 찾지 못하였으나 빌라도에게 죽여 달라 하였으니 29 성경에 그를 가리켜 기
록한 말씀을 다 응하게 한 것이라 후에 나무에서 내려다가 무덤에 두었으나 30 하나
님이 죽은 자 가운데서 그를 살리신지라 31 갈릴리로부터 예루살렘에 함께 올라간
사람들에게 여러 날 보이셨으니 그들이 이제 백성 앞에서 그의 증인이라 32 우리도
조상들에게 주신 약속을 너희에게 전파하노니 33 곧 하나님이 예수를 일으키사 우리
자녀들에게 이 약속을 이루게 하셨다 함이라 시편 둘째 편에 기록한 바와 같이 너는
내 아들이라 오늘 너를 낳았다 하셨고 34 또 하나님께서 죽은 자 가운데서 그를 일으
키사 다시 썩음을 당하지 않게 하실 것을 가르쳐 이르시되 내가 다윗의 거룩하고 미
쁜 은사를 너희에게 주리라 하셨으며 35 또 다른 시편에 일렀으되 주의 거룩한 자로
썩음을 당하지 않게 하시리라 하셨느니라 36 다윗은 당시에 하나님의 뜻을 따라 섬
기다가 잠들어 그 조상들과 함께 묻혀 썩음을 당하였으되 37 하나님께서 살리신 이
는 썩음을 당하지 아니하였나니 38 그러므로 형제들아 너희가 알 것은 이 사람을 힘
입어 죄 사함을 너희에게 전하는 이것이며 39 또 모세의 율법으로 너희가 의롭다 하
심을 얻지 못하던 모든 일에도 이 사람을 힘입어 믿는 자마다 의롭다 하심을 얻는 이
것이라 40 그런즉 너희는 선지자들을 통하여 말씀하신 것이 너희에게 미칠까 삼가라
41 일렀으되 보라 멸시하는 사람들아 너희는 놀라고 멸망하라 내가 너희 때를 당하
여 한 일을 행할 것이니 사람이 너희에게 일러줄지라도 도무지 믿지 못할 일이라 하
였느니라 하니라

마음의 문을 열며

바울 일행은 바나바의 고향인 구브로 섬을 지나 이제는 바울이 태어난 소아시아의 남쪽 해안으로 건너갔다. 그리고 해안에서 좀 떨어진 버가를 지나 160km이상 북쪽에 자리 잡고 있는 비시디아 안디옥에 도착했다. 이곳은 로마 식민지로서 광대한 갈라디아 주 남반부의 정치, 군사적 중심지였다. 여기서 우리는 바울과 바나바가 본격적으로 선교를 시작하는 모습을 보게 된다. 그리고 바울의 첫 설교 내용을 읽어볼 수 있다.

말씀의 씨를 뿌리며

1 바울과 바나바는 안식일에 유대인의 회당에 들어가 예배를 드렸다. 그들은 유대인에게 복음을 먼저 전하는 것이 더 효과적이라고 판단했던 것 같다. 회당 예배에서는 모세 오경과 예언서 가운데 각각 한 편씩 본문을 선택하여 읽고 그 내용을 강해하는 순서가 있었다. 이 때 회당장이 바울에게 무엇을 요청하였는가?(14-15절)

2 바울이 일어나 복음을 전하기 시작했다. 그의 설교 주제는 어떻게 하나님이 이스라엘 백성에게 약속하신 구원의 메시아를 보내셨는지 이야기하는 데 있었다. 그는 먼저 메시아가 태어날 혈통인 이스라엘의 역사를 간략하게 요약한다. 여기서 바울이 힘있게 말하고자 한 것은 메시아가 그들을 통해 세상에 올 수 있었던 것이 모두 하나님의 은혜였지 이스라엘 조상들이 잘나서 된 것이 아니라는 사실이다. 이 사실을 증명하기 위해 그는 하나님이 이스라엘을 위해 하신 일을 10개의 동사로 이어 내려가고 있다. 그 동사들을 나란히 열거해 보라(17-23절).

3 다윗에 대해 하나님은 무엇이라고 하셨는가? 이 말씀을 읽으면서 각자가 받은 느낌을 말해 보라(22절, 참고 / 삼상 13:14; 시 89:20).

4 바울은 드디어 예수 그리스도가 하나님이 약속하신 메시아이심을 증거하기 시작한다. 26-31절을 보면 설교의 중심이 두 가지 사건에 집중되어 있음을 알 수 있다. 그것은 무엇인가?

5 하나님이 다윗과 맺은 언약에 대해 바울은 구약성경 세 곳을 인용하고 있다. 그 내용은 무엇인가?

- 33절 (시 2:7)/
- 34절 (사 55:3)/
- 35절 (시 16:10)/

6 바울은 지금 유대인들을 상대로 설교하고 있다. 그들은 구약을 아는 자들이요 메시아를 소망하는 자들이었다. 그러므로 바울은 구약성경을

인용하면서 예수가 메시아 되심을 증명하는 데 초점을 맞추고 있는 것이다. 우리도 가끔 전도를 하다 보면 기독교 가정에서 태어나서 성경을 너무도 잘 알고 있으면서 믿지 않는 자들을 만날 때가 있다. 이런 경우 우리는 바울의 전도 방법에서 배울 점이 있다고 생각한다. 각자 한 가지씩 말해 보라.

7 바울은 설교 후반부에서 복음의 기본이 되는 진리를 집중적으로 이야기하고 있다. 다음에 열거한 단어들을 가지고 왜 이 말들이 복음의 기본이 되는지 간단히 설명해 보라(38-39절).

- 이 사람/
- 죄 사함/
- 율법/
- 의롭다함/
- 믿음/

8 바울은 마지막으로 결단을 요구한다. 즉, 예수를 믿고 영생을 얻든지 율법을 의지하다 죽던지 선택하라고 한다. 그리고 잘못하면 죽음을 선택할 수 있는 어리석은 자가 되기 쉽다는 점을 준엄하게 경고하고 있다. 바울의 이 같은 태도가 너무 강압적이라고 생각하는가?(40-41절)

9 복음을 들은 자는 자기 스스로 받아들이든지 거부하든지 둘 중 하나를 선택해야 할 책임이 있다. 이것은 생사와 관련된 가장 심각한 결단이다. 당신은 처음 예수를 믿을 때 이와 같은 결단의 순간을 앞에 놓고 어떻게 하였는지 한 번 회상해 보라.

삶의 열매를 거두며

바울이 마지막으로 한 말은 듣는 자들에게 매우 위협적으로 들릴 수 있었을 것이다. 사람의 마음이 워낙 악하기 때문에 종종 하나님은 복음을 거부하다 망하는 자가 되지 않게 하시려고 엄한 경고를 하실 때가 있다. 우리의 지난 경험을 가지고 언제 어떤 사람에게 이런 노골적인 경고가 필요한지 말해 보라.